日本の
かわいい本

東郷青児画伯の絵による
昭和34年創業東京大田区久が原の洋菓子店
"フラマリオン"の包装紙。

目次 Contents

昭和20年代後半の阪急百貨店の包装紙。

#1 明治のきれい かわいい

美人帖 ▶ 006　モスリン ▶ 008　装身具 ▶ 010
ジュエリー・アクセサリー ▶ 012　ハイカラさんたち ▶ 014
学校建築 ▶ 017　私のお人形 ▶ 019　絵画 ▶ 022　山下りん ▶ 024

#2 2つの国の2つの博覧会へ

2つの博覧会 ▶ 026　娯楽の楽園 ▶ 030

#3 大正ロマンチカ

少年少女音楽隊 ▶ 034　ポスター ▶ 036　セーラー服 ▶ 040
夢二とかいち ▶ 041　婦人グラフ ▶ 048　子どもの本 ▶ 051
新しい家 ▶ 055　理想の部屋 ▶ 058　教会と標本室 ▶ 060
カフェー ▶ 062　大正村 ▶ 064

#4 歌劇とレビュー ▶ 066

昭和20年代後半の
髙島屋百貨店の包装紙。

●文中のデータは平成27年1月末現在のものです。

いまは むかし ▶ 156

神保町地図 ▶ 164
スポットガイド ▶ 167

とおいむかしのどこかの
喫茶店 "セブン" のマッチ。

喫茶と軽食

#5 昭和の乙女ロマン

スター誕生 ▶ 074　モダン東京 ▶ 076　行楽旅行 ▶ 078
モダンガール ▶ 080　芸術 ▶ 083　子どもたち ▶ 088
お人形 ▶ 091　コレクション ▶ 092
茶目子と正チャン ▶ 096
天才少女たち ▶ 099　豆スター ▶ 102
戦争の影 ▶ 104
くもとちゅうりっぷ ▶ 106

#6 邸宅と家 ▶ 108

#7 すこしむかしのかわいいもの こと

三人娘 ▶ 116　オキュパイド・ジャパン ▶ 118　子どもの時間 ▶ 120　バレエ ▶ 123
バレリーナ ▶ 127　人形絵本 ▶ 128
ひまわり ▶ 130　大好きな場所 ▶ 135
あこがれ ▶ 141
レモン糖の日々 ▶ 144

日本のむかしのかわいいものを集めた本。
くりくり編集室のあった古書の街、東京神保町でのお店づくりの
なかからこの本のページづくりは、はじまりました。

1 2004年、古書の街での物件さがしで最初に
交渉した、かっての洋書専門店"タトル商会"
のふるい建物。実は、明治にできた木造建築。
老朽で借受できず残念 **2** 最初の路地裏の編集
室のお店 AMULET。2005年開店。古書の棚も
最初は洋書絵本が中心。毎日、古書の街です
ごすなかなかで、むかしの日本の図版や写真
の本、紙ものを集めはじめました **3** 2007年
にむかし中原淳一の神保町時代のひまわり社が
あった場所に移転。海外、日本の古書や紙もの。
カフェのフロアもオープン。「日本のかわいい
本」をイメージして図版探さがしや撮影も。
2011年までオープン。

#1
明治の
きれい
かわいい

ページを開けて
むかしの日本へ　さあどうぞ

神保町のむかしのかわいい洋菓子店
柏水堂のプードルケーキと
包装紙。

古書店のセールのはこのなか、ページの間から見つけたたからもの。

人形を抱く少女。
おそらく当時の人気の
芸奴の姿を写し
人口着色したもの。
"微笑みの国"と
呼ばれた日本を訪れる
西洋人たちの手から
世界のあちこちへと
その面影は
ひろがりました。

Kaji-bridge, Tokyo
鍛冶橋（東京名所）

日本のかわいい本 / P.006 ▶ P.007 / 明治のきれいかわいい / 美人帖

永遠の微笑みと面影

神保町の古書店の店頭の均一セールの洋書のページの隙間から見つけた1枚の絵はがき。その微笑みを時をこえおいかけていくように、明治の美女たち美少女たちの面影をのせた絵はがきを探す日々が始まりました。**1** 明治初期の日本橋界隈。まだ江戸の風情も **2** 洋犬は当時のステイタスアイテム **3** レンジを透し明治の写真館らこちらを見つめるゆれるまなざし。

明治生まれの日本のモスリン

Omoshiro Mousselin

モスリンとは、日本では主にウールの糸で織った薄地の布のこと。明治5年にフランスからやってきたモスリンは、それまでの綿の布とは違いとってもやわらか、染めたいろも鮮やか、きれい。明治の人々の着物や帯、長襦袢。欧米からつぎつぎと入ってくるスタイル、デザイン、流行を、着物という、毎日つかういろとかたちに写していきました。大正から昭和の"和と洋"を象徴する模様が多く、時代によってつくられ愛された、すてきな布たち。

1 むかし話の人気もの。江戸から伝わる武者の図案。明治の始めの子どもたちの大すきだったモチーフ 2 高級な縮緬風に見える細かな絵柄を、庶民の着物のモスリンにのせて 3 題材はむかし。でもデザインは、なんだかモダン。

日本のかわいい本 / P.008 ▶ P.009 / 明治のきれいかわいい / モスリン

コレクション提供　日本きもの文化美術館　▶ P.173

大正、昭和の時代へ、日本画や洋画のいろんな画風や趣味が着物柄にも登場。4 鳥のすがたも鶴から鳩に。すずめからカナリヤへ 5 ヨーロッパの空いろと花のかたち 6 江戸時代からのモチーフだけど、ナイーブな大正絵画風かな？ 7 当時からこけしは人気。子どもの着物にぴったりです。

昭和の戦前、戦後の子どもたちの普段着。特に寝間着にやわらかモスリンは定番。どこかで見たことがあるかもしれないむかしの思い出。

彫金の帯留。トンボのモチーフは明治後半と時代が重なるアール・ヌーヴォーの意匠。

江戸のきれい
明治のかわいい たからもの

Accessories

舞子さんの髷を飾った櫛かんざし。
御所車を漆細工で描いた華やか鮮やかな品。

繊細な彫金の菊花？
マーガレット？

1

2

3

帯留

さんごや象牙に四季の花たち
自然の造形をうつした品々。
1 西洋へのあこがれバラの造形
2 淡紅の珊瑚から掘り出した
繊細な花かご **3** 春の梅 **4** 秋の菊。
アール・ヴォーボーの影響を感じます
5 すずらんは江戸明治の技法を継いだ
昭和モダンの作品。

4

5

翼は貝細工、身体は金工
江戸の技を活かした
かんざし飾り。

明治の"きれい"と
"かわいらしさ"の結晶。
ほんのりなつかしい、いろとかたち。
日々の暮らしもおでかけも
着物の生活だった女性たち少女たちが
自分を飾るポイントは
髪にゆれるかんざし。腰元の帯留。
そのちいさないろとかたちに
夢や想い、遠い国へのあこがれものせました。
江戸の縁起や技に西欧の意匠を重ね
明治のきれいなかわいい装身具は
大正のロマン、昭和のモダンへと
鏡のなか、すがたを移していきました。

チューリップの帯留は
大正のアール・デコのもの？

つまみ細工

江戸から伝わる布の小片で
花やかたちをつくれます。
庶民から芸奴まで明治の
人々にも愛されました。
6 子どもに持たせた守り袋。
名前を書いた迷子札を入れました。
7 いくつものつまみ細工を
組み合わせたかんざし。

6

かんざし

明治の女学生
▶ P.014 には
かわいい図柄の
お守りを入れた
小袋、ちりめんの
巾着もたいせつで
かわいい装身具。

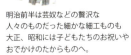

明治前半は芸奴などの贅沢な
人々のものだった細かな細工ものも
大正、昭和には子どもたちのお祝いや
おでかけのたからものへ。

アクセサリーという名のたからもの

明治の実業家
朝吹常吉氏夫人磯子さま。
同時代の欧米からの
舶来と思われる
ジュエリーがとても
お似合い。すてき。

左の朝吹磯子さまの女学校時代。羽織にネックレス？

着物に洋装小物のアレンジおしゃれな多分芸奴さん。

明治の始まりは1868年。お終いは1912年。イギリスのヴィクトリアン。フランスのベルエポック。ヨーロッパの世紀末に重なる時代。当初は、一部の留学帰国者や華族の子女だけのものだった洋装、ジュエリーやアクセサリーの習慣も、まだ豊かな人々が中心でしたが、都市から町へ様々な階級、立場の女性たちへとひろがっていきました。

日本のかわいい本 / P.012 ▶ P.013 / 明治のきれいかわいい / ジュエリー・アクセサリー

アール・ヌーヴォー

19世紀末から第一次大戦前夜の
ベルエポックの時代と重なりあう
花や虫、有機的なモチーフ、自由で
曲線で組み合わせたいろとかたち。

1 人気のモチーフ。トンボのエナメルブローチ。
2 まるで深い森の木々の枝のよう。歪んだ真珠。金工の花びら。
3 ジュエリーから建築まで定番の女神のモチーフ。

エドワーディアンのブローチ。
左のアール・ヌーヴォーの
トンボのすがたと比べてみると…。

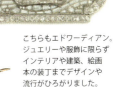

こちらもエドワーディアン。
ジュエリーや服飾に限らず
インテリアや建築、絵画
本の装丁までデザインや
流行がひろがりました。
まるで、明治の終わりの
子どもの本の挿絵のよう。

エドワーディアン

ヴィクトリアンの後のイギリス。
明治の末期の意匠たち。表現が繊細。

4 ツバメは "love token 愛の印"
定番のモチーフ。
5 左右対称のデザイン。
　薄いプラチナの
　ジュエリーも
　人気でした。

ごきげんよう
ハイカラさんたち

Jogakusei life

亀井至一「女学生」明治時代。羽織袴に洋傘、リボンに革靴。ハイカラさんの基本スタイル。

いまでは"ハイカラさん"と呼ばれる明治から大正時代の女学校のみなさま。
1 錦絵に描かれたバイオリンを奏でる月下の令嬢。東屋ではオルガンを伴奏
2 自転車はハイカラさんのシンボル
3 羽織袴で髪にはリボン足下に革靴おしゃれさん
4 明治当初、外人居留地の風景だった庭球が人気のスポーツに
5 男子とともにハイキングへと向かう日傘を手に明治のすがたを受け継ぎながら高嶺をめざす大正時代の女学生。

当時の芸者さんも
リボンで水着。絵はがきに。

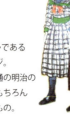

女学生 "ハイカラさん" の基本スタイルである
羽織と袴は、江戸時代の着物のアレンジ。
リボンと革靴は洋装。革靴は男子も共通の明治の
ファッションなのですがリボンだけはもちろん
女子だけ。そして、とってもかわいいもの。

明治の
美人コンテストの応募写真。
おおきなリボンがポイント
末広家ご令嬢。

西洋では主に幼い少女向けの頭のうえでゆれるリボンを
自分たちのキーアイテムに取り入れてしまったのは
いまのロリータ・ファッションにつながる
女学生たちのこころの
かたちと時をこえて
むすばれているのかも。

明治の時事新報の刊行物に掲載のリボン女学生。

春子さん

春子さん、人形をジョンにおんぶさせる。

ジョン

仙台で開催された同窓会の記念写真。東京、関西から
地方のあちこちまで明治の日本は、リボン女子でいっぱい。

明治の学校建築

天を指す尖塔、三連アーチの玄関
西洋へのあこがれのすがたとかたち。

旧土浦中学校本館

明治37年に建築の旧制中学校舎（現土浦第一高等学校）。当時、帝国大学を出たばかりの駒杵勤治が凹字型、左右対象のゴシック様式で設計。小豆のようなほんのり甘い色調も当時のまま。

●〒300-0051
茨城県土浦市真鍋4-4-2
土浦第一高等学校

補修の際の明治のかけらも保存、展示。

東と西と
とおく離れていても
見つめる目差しは
重なり合う

サージェント, ジョン・シンガー・
「カーネーション・リリー・リリー・ローズ」
1885/86 年

おかっぱ頭
私のかわいい
日本のお人形

Ichimatsu dolls

市松人形は江戸時代にうまれた着せ替えのお人形。裕福な武家や商家の子女のための市松人形は、おかっぱの童子のすがたはそのままで明治の子どもたちの友だちに。

1 関西では"いちまさん"。芸奴の抱くポーズは、絵はがきの定番
2 おすわりのすがたもかわいい
3 着物や帯は持ち主が手づくり
4 よく見ると男の子の人形もありますよ。

日本のかわいい本 / P.020 ▶ P.021 / 明治のきれいかわいい / 私のお人形

江戸に始まり明治の子どもたちに愛された市松人形たちの旅は時をこえて続きます。昭和のはじめ、アメリカから日本に贈られた"青い目の人形"へのおかえしとして58体の市松人形が西の国へと旅立ちます。みんなちゃんと自分のパスポートと太平洋を渡る一等船室の切符も持っていったそうですよ。

1 アメリカに渡った市松人形たち。各州に1体ずつ各県からとして贈られました **2** 戦前の世界の人気子役シャーリー・テンプルちゃんも市松や日本人形が大好き **3** 西洋のビスクドールや陶製人形のすがたに市松人形の面影をのせた石膏やセルロイドの人形たちも次々と登場 **4** 面白柄の着物も似合う男の子の市松のお人形。

絵のなかから聞こえる
笑い声 ささやき 風の音

江戸の浮世絵の手法に
文明開化の風景、できごと
人々の暮らしを写した明治の錦絵。
女の子のおしゃべり。
ページをめくる音が
聞こえるよう。

井上安治 明治19年

野長瀬晩花「被布着たる少女」明治44年

1「娘深雪」

「虹を見る」

明治を描いた日本画、洋画の美術家たちが生涯に残した きれい かわいい いろとかたち 1 上村松園の江戸の面影 2 鏑木清方 大正作「朝涼」 3 久米桂一郎の夏の少女 4 洋画界の巨匠黒田清輝の「鉄砲百合」明治42年 5/6/7 竹内栖鳳の屏風のなかいき交う「鹿図屏風」と動物たち。

歳月をこえた記憶のなかのあふれる きれいなひかり

日本のかわいい本 / P.022 ▶ P.023 / 明治のきれいかわいい / 絵画

6「斑猫」

神坂雪佳の木版画『百々世草』の連作。

見つめるすずめ。

なんてかわいい しぐさとかたち

Kaiga to geijyutu

7「家兎」

『百々世草』より野の鹿。

『百々世草』より白い子犬とかたつむり。

全体で15坪程。絵本のなかのちいさなお家みたいな。美しい田園のなかにたたずむ。

画像提供 / どだすか大館　http://www.dodasuka.com/

山下りん
yamashita rin

江戸末期の茨城県笠間市で誕生。聖名イリナ。生涯イコン製作に努め質素な木綿の着物姿で通し製作の姿を見たものもなかった。

明治の女性洋画家
そして 日本最初のイコン作家

イコンとは、ロシア正教のキリストや聖人たちを描いた教会の壁や祭壇と飾る聖像画。浮世絵から絵の修行を始めた山下りんは、ペテルブルグでイコンや洋画を修行。帰国後、日本各地に築かれた正教会堂も聖画を描きました。そのすべては名作や旧作の模写、しかも無署名。
でも、どの作品も山下りんにしか描けない気品と清楚な空気感にあふれています。

ちいさな聖堂を飾る山下リンのイコン。ルネサンス初期イタリア絵画の手法も感じられる女性らしいあたたかな表現。

秋田杉を巧みに加工して四方から木製のアーチを伸ばしビザンチン様式のドーム天井のすがたに。

北鹿ハリストス正教会
生神女福音聖堂

明治25年に建堂された現存する正教会の木造平屋教会では日本最古の建物。ちいさなビザンチン様式のたからもの。

●〒018-5603
秋田県大館市曲田字曲田80-1

明治33年（1900年）のパリ万博では動く歩道やエッフェル塔にエスカレーターが登場。アール・ヌーヴォーの装飾の美しい建築、展示品であふれた。テーマは「世紀を振り返り20世紀を展望する」。

"Le tour de monde"
世界旅行のテーマ館。
世界の建物がミックス
とてもわくわくする
パビリオン。

日本館は
こちらです♪

日本のかわいい本 / P.026 ▶ P.027 / 2つの博覧会

２つの国の
２つの博覧会へ

#2

明治34年は1901年。つまり明治は19世紀から20世紀の架け橋の時代。パリでは明治の間に3度の万国博を開催。会場に鉄で築かれ電飾で飾られたエッフェル塔と文明へのあこがれは遠い東の国の人々までも魅了。すこしちいさな"エッフェル塔"とかわいい"博覧会"が明治の終わり大正の始めの日本で幕を開けました。

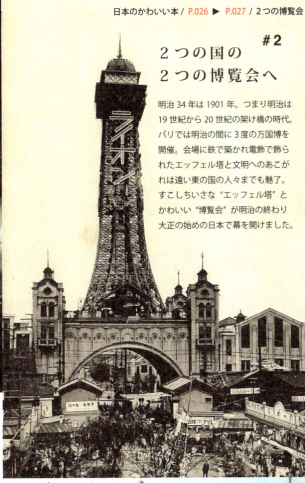

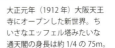

大正元年（1912年）大阪天王寺にオープンした新世界。ちいさなエッフェル塔みたいな通天閣の身長は約1/4の75m。

まわりには遊園地のルナパーク。映画館ロープウェイに劇場。たのしいことがいっぱい。

それでは
見物に
出かけましょう

博覧会を訪れた記念品の定番は、会場の人気館やアトラクションを人口着色した絵はがきセット。その何枚かをご紹介。

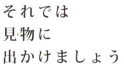

パリの万博でも人気のライトアップ
夜の照明アトラクション。

日本のかわいい本 / P.028 ▶ P.029 / 2つの博覧会

第一次大戦終了後の
平和を祝う大正11年の
博覧会の塔とパビリオン。
人々がはじめてみた
モダンな風景。

会場で捺印発送された
平和記念絵はがき。お子さま
用もありますよ。

神保町の路地にあるガレージセールの
ような古書店や、むかしの紙ものも箱
のなかから見つけたなんだかモダンな
建物の写真。それが大正時代の2つの
博覧会を知るきっかけになりました。
大正3年に開かれた東京大正博覧会と
11年の平和記念東京博覧会。会場は、
どちらも上野公園と不忍池。桜も満開。
夜の会場の夜景も素敵。いらっしゃい。

塔のふもとで

歌い 踊れ
楽しいサーカス

パリにエッフェル塔が建てられた1889年の翌年明治22年に東京浅草に現れた始めての洋式の塔凌雲閣。通称"浅草十二階"。大正時代には足下に演芸場、隣の浅草6区には映画館や劇場、見せ物サーカスまでがならぶ東京一の娯楽の楽園のシンボルタワーになりました。

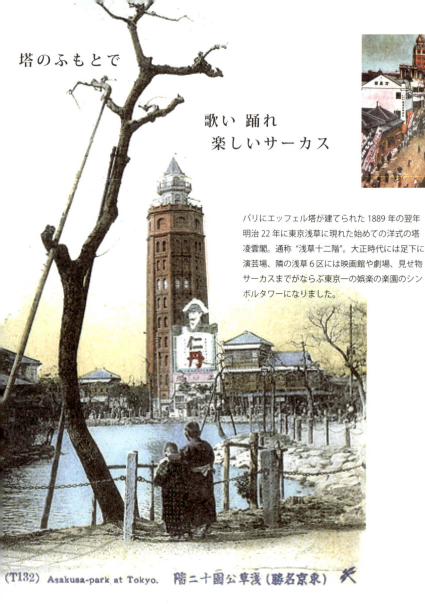

(T132) Asakusa-park at Tokyo. 浅草公園十二階 (東京名勝)

娯楽の楽園

1 浅草十二階の展望台から眺めるとひょうたん池と浅草六区の歓楽街が一望に 2 六区の日本館などを舞台に喝采を集めた浅草オペラのスター田谷力三と安藤文子 3 浅草オペラの人気女優澤モリノ（右）4 横浜朝日座「カルメン」を演じる河合澄子 5 オッフェンバックのオペレッタ「天国と地獄」舞台で踊るのは日本ではじめてのトゥーシューズダンサーと呼ばれる高木徳子。

娯楽の楽園

振り付け、衣裳、美術まで
なんだかとっても楽しそう。
チャールストンのよう。
ジャズバンドのように
自ら演奏。芸妓の女の子たちが
もしかしたら当時の最先端？

西洋人が指導した明治末期の帝劇の洋舞の舞台。こちらより河合ダンスの方が面白そう。

夢見るような舞台 ご期待ください

人気のダンサー ゆき栄
大正時代の絵はがきより

東京の浅草オペラが帝国劇場の洋劇などからの出身にたいし、大阪のお茶屋の主人が大正11年、芸妓たちを集めてつくった河合ダンス。元々は日舞の少女たちにバレエからタップ、さらにピアノや木琴、サクソフォンまでレッスン。踊って演奏できるとってもモダンなダンスグループに。ファンも全国的。大変な人気だったそう。

#3
大正ロマンチカ

日本橋白木屋呉服店
江戸三大呉服店の名店が
明治末期に百貨店に転身。
東急百貨店の前身となる。
明治44年。白木屋少女
音楽隊もスタート。

ロマンチカとはロマンチックのスペイン語訳。でも
英語や"浪漫"より、どこか空想のなか甘くて美しい
でもちょっとせつない物語のような響きを感じます。
明治と昭和の隙間。世界大戦の遠い砲音。モダンと
デモクラシーへのあこがれ。そして、震災との遭遇。
光と影、楽しみと哀しさが織りなすできごとのなか
走馬灯のように輝いたたった15年間の短い時代。
でもその輝きは、1世紀を経た私たちの心を照らし
事実のできごとを元糸をとしながらも、夢の彼方の
幻想のような物語を語りかけてくれるよう。

白木屋少女音楽隊
少女歌劇のルーツ。

日本のかわいい本 / P.034 ▶ P.035 / 大正ロマンチカ / 少年少女音楽隊

パリやロンドンのデパートのかたちを江戸以来の大手の呉服店が取り入れて明治の終わりから大正にかけて百貨店が東京、大都市に登場します。その普及のキャラクターになったのが少年少女たち。最初は日本橋三越の"少年音楽隊"そして、白木屋の少女音楽隊。彼ら彼女たちが奏でるハイカラな音楽、おしゃれな制服すがたに誘われて、人々は百貨店へと足を運びました。

日本橋三越百貨店

三越呉服店から明治38年、日本ではじめてのデパートメントストアを宣言。明治42年には、少年音楽隊、メッセンジャーボーイを編成。

1 明治42年に誕生した東京の三越少年音楽隊。ファッションもモダンですてき。大正元年には大阪三越、京都大丸にも登場 **2** 大名古屋のいとう屋呉服店の音楽隊 **3** 大阪道頓堀のに大手うなぎ屋にも少年音楽隊が登場。後のモダンな作曲家服部良一もメンバーでした **4** 制服すがたはモダンスポットの象徴。帝劇の食堂の少女たち **5** モダンと最先端で宣伝合戦。日本橋三井呉服店の宣伝カー。

三越のメッセンジャーボーイたち。こんな"御用聞き"が来るなら、ついつい注文しそう。

上野いとう呉服店

後の上野松坂屋。明治44年結成のいとう少年音楽隊は後の東京フィルハーモニー交響楽団へ。

大正、昭和初期の三越のポスター、冊子表紙の多くは杉浦非水のデザイン。**1** 昭和4年の催事のポスター **2** アール・ヌーヴォーと日本画表現、和装と西洋のライフスタイルが重なり合う **3** 大正4年のポスター。

ヨーロッパ、アメリカから、一番新しいきれいなすてきなものが見つかる場所。それが、大正時代の都市の百貨店。そして一番豊かな場所。それを宣伝するポスターは新しさときれいの結晶でした。

日本のかわいい本 / P.036 ▶ P.037/ 大正ロマンチカ / ポスター

出版物の装丁デザインも担当。
明治40年の「中学世界」。

杉浦非水
Sugiura Hisui

1876年松山市生まれ。日本画習得より洋画、図案家へ転向。アール・ヌーヴォーを取り入れ三越、専売局などのポスターパッケージを担当。日本のグラフィック・デザインの礎の1人。

百貨店は 新しさ きれいのショーケース
Department no poster

4 フォルムを活かした斬新な構図 **5** 昭和2年の東洋初の地下鉄開通ポスターは代表作。**6** 大正6年当時の三越冊子の表紙 **7** 図案デザインと絵画との一体感がすてき。

同時代の他の作家たちの百貨店のポスター。
比べてみると杉浦非水の先見、個性がひきたつ。

北野恒富
Kitano Tsunetomi

三越の宣伝図案に活躍した杉浦非水に対して高島屋のポスターで大正の"浪漫"あふれるポスター用の美人画を描いたのが北野恒富。非水がアール・ヌーヴォーなら新古典派ともいえそうな写実の描写。でも表情には、大正の光と影の面影が。

1 明治、大正の豪華ないろ刷りのポスターといえばお酒やビール。北野恒富の筆 2 大正5年の高島屋のポスター。着物や帯、かんざしの描写も美しい 3 足柄銘仙のポスターのための原画 4 の日本画のものとは好対照。

同時代の日本画家による銘仙のポスター。

たまには 洋装
おめしかえ
Yokoso yohuku

たぶん明治後半の芸妓さん
おおきなリボンとドレス
かわいいけれど
ちょっとお遊戯少女風。

大正3年「復活」の舞台で
カチューシャを演じる
松井須磨子。

西洋から便利なもの。絵画や音楽、文学。
映画や舞台。いろんなものが毎日の暮らしに
入ってくると、気になるのは服やおしゃれな
雑貨たち。明治の頃はリボンで我慢していた
女性たち、少女たちも
大正の時代には急速に
洋服を身近なものに
していきます。

大正後半には、昭和のモダンガールの
先がけとなるおしゃれな女性たちも登場。

写真提供/平安女学院

写真提供/此の花会

ん？
この
わんこは？

女学生のセーラー服の
始まりは……

むかしの高等女学校。いまの中学1年から高校1〜2年にあたる女学生たちがはじめてセーラー服を身に着けたのは大正時代の京都、平安高等女学校でのことでした。

1 日本ではじめてのセーラー服の冬服（大正9年）
2 こちらは夏服（大正23年）。いまよりふっくらワンピースのようなかわいいデザイン。

掲載協力 京都市学校歴史博物館
▶ P.173

大正11年。京都市二条高等女学校のチュニックに帽子の1年生。当時の制服はセーラー服。チュニックは体操着。制帽は夏が麦わら帽子。冬は学者帽。おしゃれ♪

大正の"ロマン"の寵児ともいえる
画家というかアーティスト竹久夢二。
モデルとなったお葉と共に。

竹久夢二 と
小林かいち

Yumeji to Kaichi

夢二と深く関わる2人の女性。
たまき（右）と彦乃（左）。

港屋にたつ
夢二の妻であったたまき。

夢二が離婚したたまきとその子どもの自活のために大正3年、東京日本橋に開店させた"港屋絵草紙店"。千代紙や便せん、
封筒などを扱う絵草紙店。夢二の図案が刷られた小物で繁盛。店に集まる多くの画学生のなかには、後に恋人となる彦乃も。

江戸の水墨画から
キュビズムのような
表現まで
自由自在。

封筒
すべて大正時代に港屋絵草紙店で売られていた当時のもの。現在の封筒より少々細身の和紙に多色の版木で鮮やかないろあいに1枚1枚刷られたもの。手にした人がどんな文を入れたか想像したくなる。

自然の造形を
シルエットに
写して。

1色から数色まで
版木の使い方も
原画に応じてさまざま。

日本のかわいい本 / P.042 ▶ P.043/ 大正ロマンチカ / 夢二とかいち

版画のなか
夢二の印と共に
港屋の店名が。

港屋絵草紙店のために夢二が絵柄を描いたデザイン。木版で印刷した版画や封筒、千代紙、便せん。この店での彦乃との出会いでたまきとの諍いや多忙で港屋は2年で閉店。後に版画の版木は大阪の柳屋に引き継がれた。

撮影商品提供 港屋
▶ P.170

千代紙
明治の人々が見ることのなかったモダン、でもとても心になじむ夢二の図案とデザイン。港屋に集まる女性たち、画学生たちも魅了した。

挿絵や図案 表紙絵 かわいい夢二の小品たち

1 子ども雑誌のために描かれた少女の挿絵 **2** ポストカードのなかの黒猫と少女 **3** 映画雑誌の表紙も1枚のキャンバスのよう **4** 銀座の果物店千疋屋のためのデザイン。

人々の心をつかんだ夢二式美人絵。

楽譜の譜面の表紙も数多く手がけました。

竹久夢二
Takehisa Yumeji

明治17年生まれ。"夢二式"と呼ばれた独特の美人画で人気を集める。「宵待草」の作詞港屋のデザイン、商品企画など多才なアーティストとして大正をかけぬけた。

小林かいち
Kobayashi Kaichi

明治29年生まれ。大正時代に着物の図案家として活動後、京都三条の"さくら井屋"の木版の絵はがきや絵封筒などの絵柄、デザインを昭和まで手がける。

絵はがき
さくら井屋でさまざまな絵柄のシリーズを木版で印刷。4枚セットとして販売。

京都の京極三条で大正から昭和にかけ人気のみやげもの店であった"さくら井屋"の定番品。かわいいちいさなもの。

謎の
叙情画家の
美しい夢

Modern sosite Romantic

月と星、薔薇と十字架、トランプの4つの印、ハート。そして、泣く女のすがた。遠い国の魔法の書物から採集してきたようなモチーフ。シルエットやシンプルな面と線、いろとかたちのフォルム。絵はがきや絵封筒のために描かれた小林かいちの絵は"京都のアール・デコ"とも呼ばれるモダンな作品。でも、どの絵もどこかなつかしい。かわいくて、そして哀しい夢のなかのような作品ばかり。一時は行方も途絶えた謎の作家の絵のなかを、さあ。ページをめくってのぞいてごらん。

日本のかわいい本 / P.046 ▶ P.047 / 大正ロマンチカ / 夢二とかいち

1 いくつものテーマの絵はがきに登場する "泣く女性"。きれいでせつない筆で描いた物語
2 人影、家並み、木陰…シルエットのなか隠されたものにひろがるイマジネーション **3** クロスワードのパズル、だまし絵のようないろとかたちのリズム **4** 楽譜と歌詞にのせて想いはひろがる

昭和3年まで月刊55冊が発行。

関東大震災の翌年の創刊。
被害を受けた母校の復興のため
募金集めの男装英語劇会を開催。
気高き乙女の志。でも楽しそう。

令嬢クラブへ いらっしゃい

Okanemochi de oiegara mo ari.

大正13年、国際情報社より刊行された
女性向けグラビア雑誌「婦人グラフ」。
当時の上流社会の婦人が持つべき教養、生活
の知恵が写真も豊富にページにひろがります。
しばしば誌面に登場するのが上流社会、
特に都市で暮らす夫人と家族たち。モダンな
リビング、庭園で微笑む少女たちの写真は令
嬢クラブのアルバムをのぞくよう。

表紙や挿絵はいろ刷りの版画を
はり込んだ手づくりの高級雑誌。
竹久夢二も挿絵、執筆でも登場。

1 自宅で名曲を鑑賞する医学博士の令嬢たち 2 実業界の令嬢は当代一の演奏家に師事してハーモニカを習得中
3 作曲家令嬢のちいさき天才歌手みどりさんとお姉さま 4 商社重役家の姉妹。モダンな洋装がお似合い
5 震災後の荒廃した都心を離れ郊外の別荘で、ガーデニング、愛犬との日々とおくる一家の様子。大正時代の家庭のひとつのかたち。

表紙のいろ刷は竹久夢二。

子どものためのおもちゃのページから。
舶来の香りがする動物や人形たち。

「婦人グラフ」のページに
登場する大正という時代の
理想の家庭の居間や台所を
彩るもの。当時は、豊かさ
と贅沢の象徴だったもの
たちも、いまながめると
当時の"あこがれ"を身に
まとった"たからもの"に
見えてきます。

家庭でお仕立てできる夏のおでかけ服。

水遊びや砂遊び
に好い夏のおも
ちゃいろ／＼

山にとき、海にといふ避
暑地のこれわれらに夏伴
みの復習でずんだ検々の謎
子どもの和服かと絵を
居しのさざの時の盛にお
介しますの小さい方や
夏のかちやの色々な打紐
には主に絵ぶようみさ等
のあぶな気のないものが好
く少し大きい方々には機械
のこんだ化學的なものが
ぴれる様てす。（松屋製）

避暑地でもおいしい食事がつくれる
缶詰料理のレシピ。

避暑地の罐詰料理

季節や催事に
あわせて
おもちゃも
いろいろご用意。

日本のかわいい本 / P.050 ▶ P.051/大正ロマンチカ/子どもの本

記念すべき創刊号。表紙は武井武雄画。

子どものための詩と絵が一体のページ。
水谷まさるの作詩。絵は伊藤孝之。大正11年3号

コドモ ノ クニ ヘ
トビラ ヲ アケテ

Kodomo no books

大正時代に開花した子どものための絵画
"童画"をのせた、それまで見たこともない
きれいでかわいい児童雑誌のかたちにした
「コドモノクニ」。
大正11年（1922年）に東京社より創刊され
ました。ページづくりには挿絵家、美術家
作家や詩人、音楽家たちまで参加。当時の
モダニズムの新しいデザインや芸術運動の
影響も受けた芸術の表現の場となった
ページは、子どもたちはもちろん両親
大人たちの心と目をとらえました。

挿絵は本田庄太郎。大正11年11号

大正12年3号。
楽しいおもちゃのサーカスは
蕗谷虹児の絵。

日本のかわいい本 / P.052 ▶ P.053/ 大正ロマンチカ / 子どもの本

大正11年6号表紙。本田庄太郎画。

1 花と虫のすがたの少女たち。岡本帰一画。大正11年3号 2 空飛ぶ飛行機。モダンなお家。細木原青起画 大正11年9号 3 いきませう。こどものくにへ。本田庄太郎画。大正11年1号 4 木立のなかのおともだち。本田庄太郎画。大正11年8号。

大正 11 年 9 号
裏表紙。
岡本帰一画。

本のなか 童話と童謡 聞こえてくるよう♪

鈴木三重吉により創刊。
芥川龍之介、泉鏡花、有島武郎、
北原白秋など作家たちも多数寄稿。
表紙は清水良雄画。

童謡の"ブーム"のなか楽譜も挿絵画
家の絵本のようなものが次々、刊行。
中山晋平童謡集の表紙は、竹久夢二画。

童画を主題にした「コドモノクニ」の
登場以前にも、大正時代には子ども
のための雑誌が次々と登場。童話や童謡
を掲載した「赤い鳥」は大正7年。
「金の船」は大正9年。他にも「童話」
などの雑誌、書籍が次々刊行。

初代編集長は詩人の野口雨情。
自ら子どものための詩を発表。

「コドモノクニ」
大正11年8号より
岡本帰一画。

理想の住宅地
田園都市にお住みください
My sweet Denen home

「婦人クラブ」に掲載された
理想の家の図面とスケッチ。

大正時代の東京田園調布の造成、分譲のパンフレッド。

大正時代には、東京、大阪の都心から郊外へ、温泉や休日の行楽地へと結ぶ鉄道が拡大。その沿線に次々と新しい住宅地が計画、造営されました。明治には華族や一部のお金持ちだけのものだった洋式暮らしも少しずつ身近なものに。モダンな新しい家がならぶ住宅地田園都市も登場。遠い国へのあこがれが、もしかしたら明日は実現するかもしれない新しい家での暮らしのかたちに変わりました。

それでは、次のページで見本の物件をご紹介。

日本のかわいい本 / P.056 ▶ P.057 -/ 大正ロマンチカ / 新しい家

新しい時代 家族のための家

田園調布の家（大川邸）

大正14年。"田園調布株式会社"が郊外住宅地を開発し
分譲した住宅。家族のための居間を中心に、食堂、寝室
書斎を配置した新しいスタイル。当時としては珍しく
全室洋室。使用人のための小部屋もある。
丸いアーチがかわいい白いパーゴラのあるテラス。
広い芝生の庭。関東大震災後の昭和モダンの先取りした
すてきなお家。

● 〒184-0005 東京都小金井市桜町3-7-1
　　都立小金井公園　江戸東京たてもの園内

大正14年「婦人グラフ」のページに掲載の部屋の様子。

理想の家の
まるで
夢のなかのような部屋

大正の家具、建築意匠のデザイナー、森谷延雄がつくった "ねむり姫の寝室"。
理想の家での生活を提案するように、美しい洋家具を工房 "木のめ舎" から販売しました。

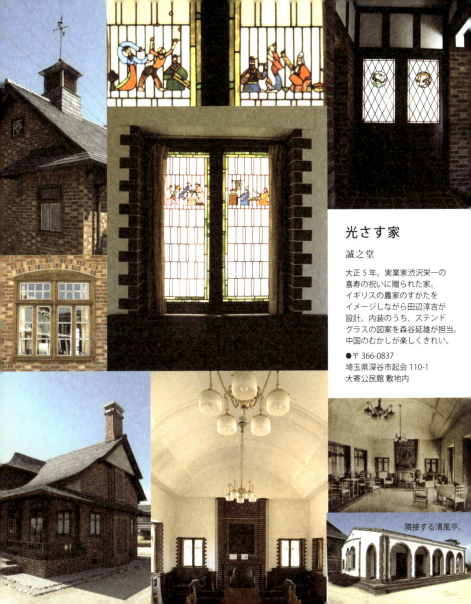

光さす家

誠之堂

大正5年。実業家渋沢栄一の喜寿の祝いに贈られた家。イギリスの農家のすがたをイメージしながら田辺淳吉が設計。内装のうち、ステンドグラスの図案を森谷延雄が担当。中国のむかしが楽しくきれい。

●〒366-0837
埼玉県深谷市起会 110-1
大寄公民館 敷地内

隣接する清風亭。

キリストの教えの殿堂

日本基督教団　根津教会

大正8年に建堂。4年後の関東大震災、昭和の大空襲からも生き残り、東京のむかしの町並みのなか、大正の香りを伝える木造礼拝堂。なかの天井、造作も心安らぐなつかしさ。

●〒113-0031 東京都文京区根津 1-19-6

木造、赤レンガの建物は武田五一の設計。明治の建築。

2つの時代の欧風建築

名和昆虫博物館

大正8年に完成した昆虫博物館と、明治40年に完成の記念昆虫館。2つの時代の建築がならぶ。博物館のギリシャ神殿風。日本と世界の虫やちょうちょを展示紹介。

● 〒500-8003 岐阜県岐阜市大宮町2-18

日本のかわいい本 / P.062 ▶ P.063 / 大正ロマンチカ / カフェー

両びらきの扉の向こう
どんな造作かのぞいてみたい。
1

1 長野県小諸市荒町に現在も残るむかしのカフェーだった建物
2 埼玉県秩父市のたばこ店だった建物。大正のカフェーの面影
3 岐阜県下呂市に残る湯乃島館。

レトロな花園商店のなか
ちいさなカフェーの看板。

大正、昭和のモダンデザインの照明や
小窓のステンドグラスもすべて手づくり。

自花園商店のご主人自らご給仕。
次のページの"大正村"にもおいでです♪

大正ロマンのカフェーのよう

カフェー花園（花園商店内）　▶ P.171

すこしむかしのアパートの1階のドアを開けると、そこは、2室を抜いたひろいスペースに大正、昭和初期のモダンな雰囲気漂うアンティークと雑貨のショップ花園商店。その一角の小部屋のおしゃれなカフェー。

●〒386-0023
長野県上田市中央西2-11-441 メゾンH花園F号室

百年前にむかし旅行

日本大正村

旧明知町に残された建物や路地、風景をそのまま活かし大正の雰囲気を保存、再現するテーマパーク。大正ロマン館おもちゃ資料館、時代館などもある。
●〒509-7704 岐阜県恵那市明智町456
http://www.nihon-taishomura.or.jp/

日本のかわいい本 / P.064 ▶ P.065 / 大正ロマンチカ / 大正村

日本大正村で以前、開催されたファッションイベントの様子から **1** ひとりひとり当時のコスチュームで扮装 **2** ファッションショーも開催。カフェー花園 ▶ **P.171** のご主人もご主人お嬢さまとご参加 **3** 自動車は戦前昭和のもの。

#4 歌劇とレビュー

大正のはじまりの翌年に宝塚歌劇団は誕生。新しい時代のスタイル、海外から伝わる世界の流行を次々と身にまとい、少女たちの歌と踊りは、パリの風を運ぶレビューへと翼をひろげていきました。

結成から17年後。いまも伝説のレビュー
昭和5年（1930年）の"パリ・ゼット"。

小粋でおしゃれなパリ娘♪

日本初のレビュー"モン・パリ"で始めてラインダンスが登場。

"パリ・ゼット"の舞台に飾られた巨大なバスケット。花咲くパリの薔薇の化身のよう。

昭和5年のレビュー"ダンス・オリンピック"。

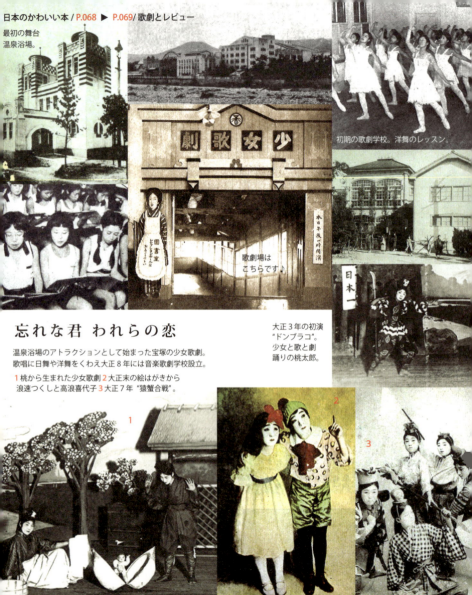

日本のかわいい本 / P.068 ▶ P.069 / 歌劇とレビュー

最初の舞台
温泉浴場。

初期の歌劇学校。洋舞のレッスン。

歌劇場は
こちらです♪

大正3年の初演
"ドンブラコ"。
少女と歌と劇
踊りの桃太郎。

忘れな君 われらの恋

温泉浴場のアトラクションとして始まった宝塚の少女歌劇。
歌唱に日舞や洋舞をくわえ大正8年には音楽歌劇学校設立。
1 桃から生まれた少女歌劇 2 大正末の絵はがきから
浪速つくしと高浪喜代子 3 大正7年 "猿蟹合戦"。

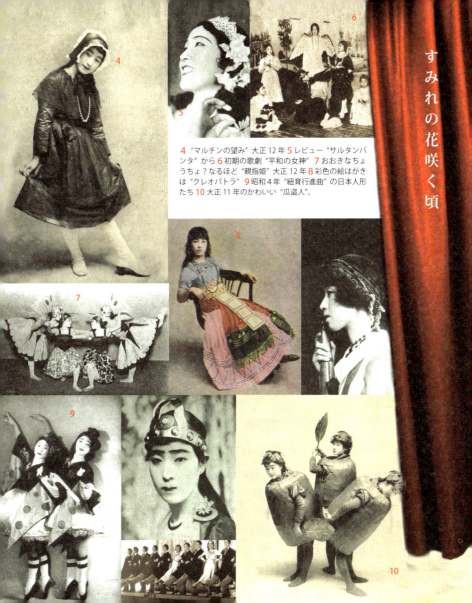

4 "マルチンの望み" 大正12年 5 レビュー "サルタンバンタ" から 6 初期の歌劇 "平和の女神" 7 おおきなちょうちょ？なるほど "親指姫" 大正12年 8 彩色の絵はがきは "クレオパトラ" 9 昭和4年 "紐育行進曲" の日本人形たち 10 大正11年のかわいい "瓜盗人"。

すみれの花咲く頃

大正13年に宝塚大劇場が完成。欧米のレビューを学んで帰国した人々も舞台づくりに合流し昭和2年にはじめてのレビュー "モン・パリ 吾が巴里よ!" を発表。世界旅行をテーマにした楽しい舞台は大ヒット! 大階段のステージも登場。そして昭和5年、伝説のレビュー "パリ・ゼット" が上演される。
「すみれの花咲く頃」、「おゝ宝塚」。いまも歌い続けられる歌と踊り。夢の舞台は、いつまでも続く。

日本のかわいい本 / P.070 ▶ P.071/ 歌劇とレビュー

かわいいえくぼのパリ娘♪

1 大正の頃の宝塚らしい歌と劇の舞台 "月光曲" **2** 昭和の華やかな "パリ・ゼット" **3** レビュー "ローズ・パリ" ではおおきな鳥の巣バスケット **4** 宝塚のレビューの始まり "モン・パリ"。パリをめざす世界旅行のステージ **5** 楽しいレビュー "イタリヤーノ"
6 / **7** 美術や衣装も斬新。とってもモダン "パリ・ゼット" **8** レビュー "春のをどり"。日舞の恒例公演とはずいぶん違う不思議な舞台。

モダンな演出
レビュー "シンデレラ"

スターの写真をのせた
企業のお客さま用特別招待券。

関西の地、宝塚で花ひらいた少女歌劇はレビューの人気と共に東京へ拡大。昭和9年には東京宝塚劇場もオープン。男役、娘役のスターが次々登場。大阪松竹歌劇団（OSSK）、東京の松竹歌劇団（SSK）など新しい少女歌劇も結成。スターたちの夢の舞台に集まるファンの多くは当時の女学生、少女たちでした。

1 人気の男役娘役が勢ぞろい 2 可憐できれい人気の娘役霧立のぼる 3 モダンな東京宝塚劇場は日比谷に登場 4 ブロマイドも人気 5 男役スター春日野八千代と娘役糸井しだれ。

日本のかわいい本 / P.072 ▶ P.073 / 歌劇とレビュー

そは汝
すみれ咲く春♪

6 昭和5年の大阪松竹歌劇団"春の踊り"のパンフレットから **7** 昭和9年松竹少女歌劇団"ローゼン・カヴァリア"水の江瀧子、オリエ津阪など短髪の男役スターが登場、人気を集める **8** ターキーこと水の江瀧子 **9** 大正12年の大阪松竹歌劇団の初公演"アルルの女"。

おかっぱに黒髪。
ハリウッドではコメディ
ドイツではシリアスな作品を好演。
昭和初期のモダンガールのあこがれ。
ルイーズ・ブルックス。

少女の幸福と女性の悲劇。
どちらも繊細、可憐に表現し
アメリカ、ヨーロッパ、そして日本の
観客を魅了したリリアン・ギッシュ。
「東への道」大正9年日本公開。

#5
昭和の乙女ロマン
むかしといまをつなぐ歳月のなかの記憶と記録 思い出のかけら

日本のかわいい本 / P.074 ▶ P.075 / 昭和の乙女ロマン / スター誕生

昭和9年。人気ダンサーから映画女優に転身。日本のモダンガールのシンボル的な存在となった桑野通子。

大正の日々が過ぎ去り訪れた昭和初期は"映画"が娯楽の中心となった時代。声のない"サイレント"な西と東の美女たちの微笑みは、映画のような、波乱の歳月の始まりの印。

1 オランダ人の父を持ち西洋人形のような面影、可憐な演技で人気井上雪子 2 明治から昭和へ日本映画始まりの時代の名女優栗島すみ子 3 トップ女優の座をすててソ連に亡命した岡田嘉子 4 純情派のトップスター田中絹代 5 アイドルは踊る入江たか子（左）と市川春代。

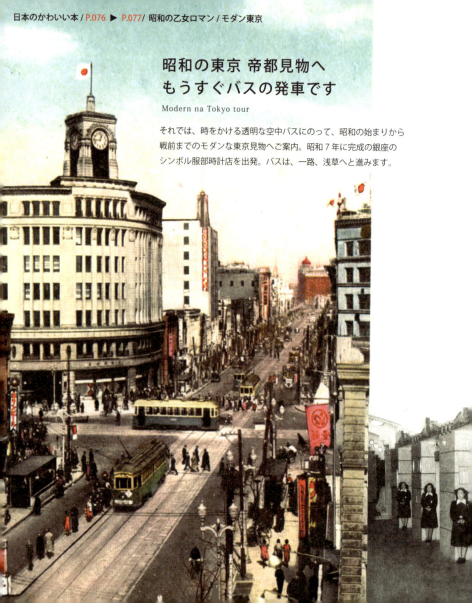

昭和の東京 帝都見物へ
もうすぐバスの発車です

Modern na Tokyo tour

それでは、時をかける透明な空中バスにのって、昭和の始まりから戦前までのモダンな東京見物へご案内。昭和7年に完成の銀座のシンボル服部時計店を出発。バスは、一路、浅草へと進みます。

昭和5年
松旭齋天華一座の
高圧電流
大マグネット！
わくわくモダンの
奇術ショー。

バスは、まもなく浅草上空♪ 1 あぶない！松屋百貨店の屋上、航空挺に接近遭遇！空中散歩のゴンドラです 2 バスを降りてデパート見物。ショーウィンドはマネキンたちの楽しいステージ 3 催事場ではドキドキモダンな展覧会も開催中。三越の"天空旅行"は必見。土星の風景。運河をながめる火星人。アラスカのオーロラをご覧ください♪ 4 愛宕山の東京放送局からのラジオもお楽しみください 5 おさがしの商品売場にはエレベーターをご利用ください。

モダン東京の遊覧バスの終点は
火星の運河？

日本のかわいい本 / P.078 ▶ P.079/ 昭和の乙女ロマン / 行楽旅行

大都会から郊外へ
山、海、遊園地にのびる鉄道、列車に
のって行楽に出かけましょう。
週末は、電車にのって、家族や友だち
あの人と日帰り沿線散歩。
夏休みは、汽車の旅。地方の名所へ
観光旅行。できれば 特急 一等 展望車
食堂車の西洋料理がおすすめです。

1 東京、大阪、全国の大都市を起点にした私鉄各社の戦前の沿線案内。いまでも骨董市やむかしの紙ものショップで見つかります **2** 現在のJRも戦前は国営。鉄道省による旅へと誘う絵はがきセット。食堂車のメイドさんのかわいい制服。

モダンガールな日々

Modern na girls

撮影 新関淳

モダンガールのスタイル日々をいまもおくる浅井カヨさん。日本モダンガール協會の代表でもある。

大正末期から昭和初期。"モダンガール"と呼ばれた当時の先端のファッション、いままでの常識にとらわれない生き方で時をかけた女性たち。そのライフスタイルの関わるもの。しゃれできれいな服と雑貨たち。

コレクション提供 **日本モダンガール協會** ▶ P.171

昭和の乙女ロマン / モダンガール

夏の浜辺に現れた、時代の先端
素肌を出す大胆なかたち、デザインの
当時の水着
昭和初期。

ちいさな目玉の
ようなポイントが
モダンです。

高島屋の
ロゴ付き
和風柄。

時代の
スポーツカーに
のって

1

当時の映画女優
たちも水着で笑顔。
海辺でも日傘は
モダンガールの
キーアイテム。

2

ほんもののカワセミを
アレンジしたお帽子。
東京大丸のタグ付き。

3

繊細なビーズのバッグ。
アメリカの同時代の
"フラッパー"と変わらないおしゃれ感覚。

1 エレガントで実用的な革の手袋。ボタン、赤の縁
取りがアクセント **2** 街では帽子がおしゃれの基本。
欧米の最先端のファッションが日本でも流行 **3** いま
着けてもとてもかわいいヘッドドレス。

日本のかわいい本 / P.082 ▶ P.083 / 昭和の乙女ロマン / モダンガール

"モダンガール"は
和製英語 日本らしさも
スタイルのアクセント

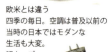

欧米とは違う
四季の毎日。空調は普及以前の
当時の日本ではモダンな
生活も大変。
観カップ。

いろんな美容用品も
モダンガールのために
つぎつぎ登場。ゴムで吸引、美観カップ。

和装の巾着袋のような
手さげのなかには
モダンなヘア、メイク
道具が一式。和洋折衷。

1 ビーズネット。
おしゃれと実用、兼用のアイテム。箱入りで
きっと高級品 2 お家でモダンな髪型、くせ付け。
名前も"モダーン・ウェーヴ"。市松模様の箱入り。
3 現代のモダンガール浅井カヨさんの当時の指輪のコレクションから。

同時代の海外、舶来のモダンなアクセサリー

アール・ヌーヴォーが影をひそめ
アール・デコのデザインのジュエリー
アクセサリーが人気のスタイルに。

4 ぷっくりシンプルなかたちがかわ
いいわんこの金のブローチ 5 オーバル
の枠だけに曲線のきれいないろと
かたちでオリーブを表現
6 まさに"モダンガール"。

和傘のような
オリエンタルな
パラソルが
欧米でも人気。
日本こそ先端？

★海外のジュエリーはアメリカのマーケットで以前取材したもの。

古賀 春江 (1895〜1933) "素朴な月夜" 昭和4年。"前衛" の時代の夜の情景。

日本のかわいい本 / P.084 ▶ P.085 / 昭和の乙女ロマン / 芸術

三岸好太郎（1903〜1934）"飛ぶ蝶" 昭和9年

古賀春江の作品から **1** "窓外の化粧"昭和5年 **2** "海"
昭和4年。女性はハリウッド女優グロリア・スワンソンの写真をアレンジ **3** "サーカスの景" 昭和8年

ひとりひとりの
いろとかたち

Showa Avant-garde Geijutsu

瑛九（1911〜1960）"旅人" 昭和32年

ロシア革命と呼応するように世界中で花ひらいた"前衛"芸術運動。いままでの様式や方法にとらわれない絵画や写真、造形、舞台や音楽。そのジャンルの枠さえもこえたひとりひとりの表現をさがす冒険が生んだ、いままで見たこともないいろとかたち。

三岸好太郎 "兄及ビ彼ノ長女"
大正13年

4 瑛九 "れいめい" 昭和32年 5 三岸好太郎 "貝殻" 昭和9年
6 深沢索一（1896〜1947）"新東京百景 新宿カフェ街" 昭和5年

中山岩太、木村伊兵衛と雑誌『光画』創刊した前衛写真家 野島康三（1889〜1964）の"ぎんれい花"昭和14年。

土浦亀城が昭和10年に建築した自宅。まっしろなキューブのようなかたちおおきなガラス窓。いま見てもモダンな造作。インテリアもおしゃれ。

変わることの楽しさ 代えることのここちよさ

いままで見たことのないものをさがす前衛芸術の姿勢は、舞台やダンス、建築やファッションそして、人々の娯楽や暮らしにまでひろがっていきました。新奇なものごと、できごとに"モダン"という頭文字をつけた人々の心のなかにはいままでの自分を変えてくれるものへのあこがれ、求める思いが隠れていたのかも。

1 少女たちのあこがれの宝塚にも前衛芸術、モダンなダンスの影響が。大正15年の"喧嘩はやめろ"。踊るはスター小夜福子 **2** 前衛グループ"マヴォ"をおこした村山知義の美術の舞台「朝から夜中まで」大正14年 **3** 世紀末のドイツの戯曲「ルル」をモダンにアレンジ上演した蝙蝠座の舞台「ルル子」。

大正10年（1921年）ロンドンを訪れた皇太子裕仁親王、後の昭和天皇を歓迎する日本の少女、子どもたち。

おかっぱ お帽子 おしゃまさん
おはよう 日本の子どもたち

Showa no Children

朝がきました。お友だちといっしょに今日もなかよく学校へ♪

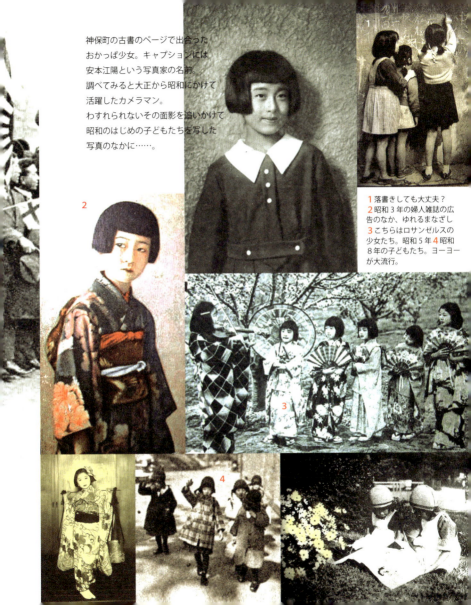

神保町の古書のページで出合った
おかっぱ少女。キャプションには
安本江陽という写真家の名前。
調べてみると大正から昭和にかけて
活躍したカメラマン。
わすれられないその面影を追いかけて
昭和のはじめの子どもたちを写した
写真のなかに……。

1 落書きしても大丈夫？
2 昭和3年の婦人雑誌の広告のなか、ゆれるまなざし
3 こちらはロサンゼルスの少女たち。昭和5年 4 昭和8年の子どもたち。ヨーヨーが大流行。

おしゃれで きれいな お洋服

1 ふんわりワンピース。いまの女の子にもぴったり 2 デザインもモダン。当時は自分でつくったり近所の洋装店や縫える人につくってもらったり 3 編みもののケープ、マフラーもいろいろ 4 セーターは冬のおしゃれの人気アイテム。アクセントのボタンのつかい方もすてきです。

昭和のはじめから戦前の家庭雑誌のページや付録には、お母さんとおねえさん、そして、子どもたちのおしゃれなワンピース、お帽子小物のつくり方、きれいな写真でご紹介。

掲載図版提供 カルモバサール
▶ P.172

磁器でつくったビスク・ドール。セルロイドや
布のお人形。昭和の女の子のたいせつなお友だち。
お家でもお庭でも、いつでもいっしょに遊びました。

1 A

2 A

B

欧米の手法を取り入れて
当時、日本でもつくられた
和製ビスクドール。
市松人形よりも安価で
ひろまりました。

おかっぱ黒髪
お顔は日本の
市松人形風
でもお洋服
和製ビスク・
ドール。

B

撮影素材
A レトロ京都 ▶ P.172
B 舞妓骨董店 ▶ P.172
C 昭和日常博物館 ▶ P.173

4 A

私のお友だち
かわいい お人形

B

5

1 アメリカのお人形のお顔みたい
ポーズもキュート 2 欧米の青い目のお人形のすがたを写した
和製ビスク・ドール 3 セルロイドの天使デュ。いっしょにダンス
4 赤ずきんのセルロイド。輸出用のデザイン？ 5 押絵のネコの箱。
なかのビスクは、川北すピ子さん▶ P.094 のコレクション。

あこがれの宝塚見物　修学旅行の京みやげ

A

宝塚の大劇場の周辺や駅の売店で昭和の初期に売られていた"宝塚"見物のおみやげグッズ。スターさんの卒業公演のすがた？

こちらは娘役の舞台シーン？

スキーはもしかしたらオフの日のスターさん。かな？

1 A

小林かいち▶ P.045の絵のデザインを人形に。足下には一輪のスズラン。さくら井屋のもの。

A

4 A

A

明治の頃から京みやげの定番。紅皿。

2 A

1 身長2センチ足らずの舞子さん 2 土が素材のレリーフ。いろは筆描き。大正、昭和初期の京みやげ 3 戦争の頃の代用マッチ箱。でも表は優雅に桜と舞子さん。三条のさくら井屋▶ P.045のデパートからの注文品 4 こちらもさくら井屋の壁かけ。当時の修学旅行の女学生の人気ショップ。

3 A

C

むかしのおしゃれな
絵柄とデザイン。

パリからの舶来もの。
"COTY"のおしろい。
モダンガール浅井 カヨさん
▶ P.080 のコレクション。

A

5 C

1 C

6 C

5 香水入り粉おしろい 6 戦前の
少女たちの人気ブランド "ウテナ"。
水玉がモダン 7 名前が "タンゴ
ドーラン"。ダンスホール全盛
時代のネーミング 8 舶来もの
みたいなデザイン。日本製。

C

7 C

舶来もの
あの お店のおしろい

C

日本のブランド "資生堂"。

C

A

棚のうえ 鏡台のなかの コレクション

Every little thing

畳に和机、本棚、鏡台。お座布団。むかしのお部屋は、質素、とてもシンプル。
でも、どこかに、ちいさなかわいいものが置かれていたり、きれいな
たからものを次に手にするその時まで、そっと集めてしまっておきました。

撮影素材 A レトロ京都 ▶ P.172 B 舞妓骨董店 ▶ P.172 C 昭和日常博物館 ▶ P.173

昭和の歳月を旅してきた
黒ネコたち 私の部屋へとやってきた

この幸運の黒ネコを持っていると不思議な幸福が訪れるという"スペインの黒ネコ"。

昭和のむかしのお人形、かわいいものをモチーフに絵や手芸のかたちにしている作家さん川北すピ子さんが集めた昭和のいろんなすがたの"黒ネコ"たち。

1 ずっしり鋳物のブックスタンド。細い三日月みたいな黒目がむかしのネコの描き方？ **2** 陶器の電気スタンド。どんな傘がついていたんだろう？ **3** 旅のおみやげ風のとてもちいさなブックスタンド **4** ぽっくりの鼻緒の絵柄もちいさな黒ネコ。

むかしの子どもの部屋にあったもの。そこかにそっとしまったまま
その子も忘れてしまったもの。いまのアンティークのお店や骨董市
いらないもののフリーマーケット。やっと出会えたみなさん。お友だち。

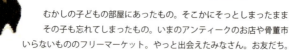

川北すピ子 ホームページ 喫茶ウワァ
http://heaven.heavy.jp/uwaaaaaa/

戦前の和製テディベア。イギリスものとは違う表情。

昭和3年「乗物画報」のページ。

大正12年「アサヒグラフ」に登場した
「正チャンの冒険」。お話は織田小星、
絵は樺島 勝一の4コマまんが。
主人公正ちゃんとその相棒
リスくんは、モダンが大好き
少年たちのヒーローに。
頭の正チャン帽も大ブーム。

●正チャンの冒険　公式ホームページ
http://www.shochan.jp/

星さん

(C) Kabashima,HIROKEN Co.,Ltd
Ⓒ KABASHIMA

ゆかいな動物

羽根の生えた
舞奴ちゃん

もちろん
正チャン

ドングリから生まれた
小人の妖精ドンキチ

消防

リスくんは
大切な
パートナー

正チャンは
最初のまんがヒーロー

Manga Character

正チャンは、ヨーロッパのむかしの人気まんが
「タンタンの冒険」の影響で生まれたのかな
と思っていたらタンタンは1929年
なんと昭和4年のベルギー生まれ。
ビックリ！

タンタンが日本で知られるのは戦後。たぶん、カトリック教会の子ども新聞から。

そして アニメのヒロインは？

日本ではじめて "ふきだし" の入った見たことのない
スタイル。昭和になってもとっても人気。
宝塚の舞台やアニメにもなりました。

1 大正8年の童謡で茶目子の歌は木村時子 **2** アニメ版の歌と声は、平井英子。声優ヒロインの第1号？

大正時代。ゆかいな童謡として
ヒットした「茶目子の一日」
が再び昭和初期に大ヒット。
昭和6年にはトーキーの音楽
歌唱入りのアニメ映画になりました。
小学生の女の子茶目子の一日。朝から
自在に変身、とってもコミカルな始まり。

♪ 夜が明けた
　　　　夜が明けた ♬

不思議な
登場人物たち

♬ 茶目ちゃん おはよう

　　　　ごきげんよう ♪

それでは「茶目子の一日」の
続きはページを開けて
さあ どうぞ。

日本のかわいい本 / P.098 ▶ P.099 / 昭和の乙女ロマン / 茶目子と正チャン

配役ごとの声優に
人気の歌手が登場。

昭和のはじめ、生まれたばかりの日本のまんがとアニメ。でも、前衛作家たちの芸術運動のように自由な発想。他の誰のものでもないひとりひとりのゆかいなアイデアがあちこち。
実写の映像が突然、画面に合成されたり、まるで現在の個性派人気アニメの制作会社の作品づくりのよう。

とってもシュール
お茶わんの頭もなかは……

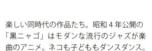

1 ライオン歯磨きは、だからほんもののライオン **2** お母さんのリアクションもへんてこ。

オリンピック選手の実写映像も合成。斬新な演出。

楽しい同時代の作品たち。昭和4年公開の「黒ニャゴ」はモダンな流行のジャズが楽曲のアニメ。ネコも子どももダンスダンス。

茶目子の声と歌の平井英子ちゃん。
童謡歌手から歌謡曲の流行歌手へ。

諏訪根自子のこと
知っていますか？

大正9年生まれ。戦争前の昭和の
美貌の天才バイオリニスト。

天才少女諏訪根白子の華麗な日々 **1** ロシア人よりバイオリンを習得を始め、公爵邸の園遊会での演奏。来日した音楽家たちに感銘を与え、神童と賞賛される **2** ベルギー国王の招聘でヨーロッパに留学。同時期パリにいたピアニスト原智恵子とも親交 **3** ドイツに渡りベルリン・フィルとも共演。宣伝相ゲッベルスよりリストラディヴァリウスを寄贈される。**4** 昭和8年ウィーン国際コンクールでディプロマを受賞した井上園子。

日本のかわいい本 / P.100 ▶ P.101 / 昭和の乙女ロマン / 天才少女たち

美貌の天才少女 女神たち

Muse no otsukai

バイオリンの諏訪根自子、ピアノの原智恵子や井上園子、歌とダンスの川畑文子。日本人でありながら、欧米の舞台で伝説を残した、美しき女流音楽家天才少女たち。昭和の始まり、戦争前の日本と世界でステージの幕はあがる。

5 日本統治下のソウルで生まれモダンダンスで活躍。ピカソやコクトーからも支持された崔承喜 **6** パリ国立音楽音を最優秀卒業、ショパンコンクールで特別聴衆賞を受けた原智恵子 **7** ハワイ生まれの日系ダンサー。日米のステージ、映画女優としても活躍した川畑文子。

古賀政男、と共に。

子役から
少女スターへ成長。
昭和14年「花つみ日記」

きれいな女優たちにはさまれて
ちいさいけれど演技がきらり光る
子役たち。無声のサイレントから
トーキー映画の時代に代わるなか
かわいいおしゃべりと歌声が心に
響く豆スターたちが登場しました。

昭和14年の「まごころ」。
（右共に）
悦ちゃんも13歳。
美少女の面影のまま。

美しよ仲〜優女と役子

まだ幼さの残る悦ちゃんの横顔。

バブーシュカは三谷幸子ちゃん

豆スタアの東京見物

ちいさくたって
本格人気の豆スター

Little superstar

1 みんなのアイドル"デコちゃん"こと高峰秀子。昭和4年に5歳でデビュー。日本のシャーリー・テンプルと呼ばれる **2** 昭和11年に映画「悦ちゃん」の主役でデビュー。そのまま芸名に。こちらも和製テンプルちゃん **3** トーキー映画初期の撮影風景。当時から子役たちもまだ脇役 **4** 男の子の人気子役も登場。突貫小僧やアメリカ小僧などへんてこな芸名のスターも。

スクリーンは
時のうつろいを映す鏡のよう

戦争の影が近づくなか
かつての映画スターや
監督、スタッフたちも出征。
女優たち前線への慰問に。

街をいくモダンガール、光溢れるショー
ウィンドー、歌い踊るダンスホール。原っぱを
かける子どもたち。時々のあこがれを
映してきた映画のスクリーンからは
やがてほほえみを沈黙に変える
勇ましいかけ声ばかりおおきく
なっていきました。

昭和8年の「港の日本娘」
モダンできれいな昭和の思い出。

日本のかわいい本 / P.104 ▶ P.105/ 昭和の乙女ロマン / 戦争の影

1 哀しい手芸のかたち。

3

2

5

4

レビューの消えた
ステージでは女学生が
"風船爆弾"づくり。

戦争の影のなかでも…

1 出征する兵隊さんのための千人針のひとりひと刺し。でも寅年の女性は年齢の数だけ刺せました 2 日本と満州国の女学生たちの交流会 3 戦時中の宝塚歌劇。昭和18年「海軍」 4 なかよし三国同盟。三つの国の子どもたち 5 東洋のマタハリ。川島芳子。

くもとちゅうりっぷ

空襲の空のしたでも

昭和18年。戦争の暗雲の時代のなかでもこんなかわいい、こんなにやさしいアニメ映画がつくられ、観る人の心のなか、希望という名の花を咲かせました。

脚本、監督そして撮影も正岡憲三。戦下につくられたのはうそのよう。いいえ、そんな日々だからこそ夢見る心が創らせたのかもしれません。

セル画の虫たち。背景は写真。ディズニーの映画でも使われた何層もの遠近関係の位置に下絵を置いて、奥行き、立体感を表現。

● 実際にはモノクロの画面をイメージ彩色しています。

日本のかわいい本 / P.106 ▶ P.107 / 昭和の乙女ロマン / くもとちゅうりっぷ

てんとう虫の女の子が主人公。くもの魔の手から、その子を花のなかへのかくまったチューリップ。くもの糸は花をそのまま糸で巻き取ってしまいます。空には雷鳴、嵐の到来。大粒の雨が降り出すと……

1 友だちの虫たちもかわいい **2** ちゅーりっぷのめしべさん？ **3** アネモネちゃん？ **4** 綿のような素材で表現した雲の子たち **5** 遠近に配置し撮影したシルエット。動きも繊細。美しい **6** 風雨のていねいな描写。

特にかわいらしい2匹のみのむしちゃんのシーン♪

日本のかわいい本 / P.108 ▶ P.109 / 昭和の乙女ロマン / 邸宅と家

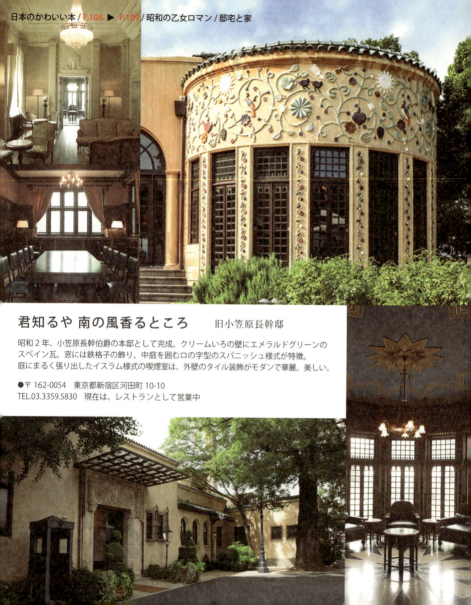

君知るや 南の風香るところ　　旧小笠原長幹邸

昭和2年、小笠原長幹伯爵の本邸として完成。クリームいろの壁にエメラルドグリーンの
スペイン瓦。窓には鉄格子の飾り、中庭を囲むロの字型のスパニッシュ様式が特徴。
庭にまるく張り出したイスラム様式の喫煙室は、外壁のタイル装飾がモダンで華麗。美しい。

● 〒162-0054　東京都新宿区河田町 10-10
TEL.03.3359.5830　現在は、レストランとして営業中

#6　邸宅と家

昭和の家 それぞれの家族がくらすかたち

旧島津公爵邸

ルネサンスへの
あこがれ

コンドルの設計。洋画家黒田清輝の内装調度の指導により大正6年に完成。20世紀のなかイタリア・ルネサンスの様式にこだわった邸宅。ステンドグラスも現存。

●〒141-8642 東京都品川区東五反田 3-16-21

旧学習院昭和寮

華族の子弟たちの青春の家

昭和3年に完成。戦前、当時の華族の多くの子弟が入学した学習院高等科の学寮として国が建設。設計は宮内省内匠寮の森泰治。スパニッシュ様式の白く明るいリズミカルなすがたがきれい。

● 〒161-0033 東京都新宿区下落合 2-13-28
現在は、日立目白クラブとして運営

1 内部もスパニッシュ様式、明るい窓 2 正面の本館背側に隠されるように4つの寮棟を配置。

華族たちの暮らしのかたち

数十年前まで大名家、公家としてむかしからの伝統の暮らし、風習を守ってきた華族たち。明治、大正と一般の人々に先がけて、西洋の暮らしのスタイル、洋装や芸術、娯楽まで、まるで模範生を演じるように先がけ取り入れていきました。

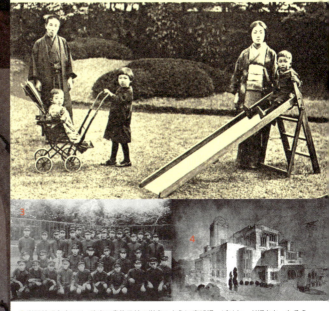

3 学習院昭和寮には、欧米の貴族子弟の学寮のように庭球場。ビリヤード場もあったそう。当時の学習院高等科庭球部の学生たち 4 森泰治の学生時代の設計スケッチから。

洋行先のアメリカで見た
西海岸のいろとかたち

和朗フラットを建てたのは上田文三郎。昭和3年のアメリカ旅行で見たコロニアル様式の住宅をモデルに、この集合住宅を設計。心に描いたモダンなアパートのかたちを実現。

同時代の1920年代のアメリカの住宅スケッチ。

和朗フラット

各宅それぞれのデザイン
間取りのモダン集合住宅

昭和11年建築。木造洋館風の8宅の集合住宅。20世紀初期アメリカ西海岸のコロニアル様式、白いモルタルに深緑青の窓枠。なかの壁は白漆喰に板張りの床。ドアや窓の金具は、真鍮。明るくここちよいモダンなアパート。8宅それぞれのドアのデザイン窓のかたち、間取りが違う。住む人それぞれ、の暮らしが共存するモダンな空間。

● 〒106-0041 東京都港区麻布台3-3-23

1 昭和初期、アメリカ、ヨーロッパへの旅行は大型客船での旅が中心。西海岸への片道だけでも2週間近くがかかる長旅。高価な運賃でした
2 リゾートホテルのような船内での日々。日米航路のメニューの表紙。

日本のむかしのかわいい本 / P.112 ▶ P.113/ 昭和の乙女ロマン / 邸宅と家

3 1階右端にはベジタリアンカフェ"ひなぎくきつね"がある。毎月30日31日 翌月1日2日のみ営業 **http://www.vege-dining.com/** **4** ドア、窓枠、外灯、部屋ごとに異なるデザイン **5** ビルに囲まれた都心の住宅街に残された80余年前のモダン空間。春先にはミモザの花にやさしくつつまれる。

日本のかわいい本 / P.114 ▶ P.115 / 昭和の乙女ロマン / 邸宅と家

立原道造が残したスケッチ。
入口の飛び石の 14 の数はソネット（14 行詩）にちなんで配置。
外には緑の旗がたなびく。

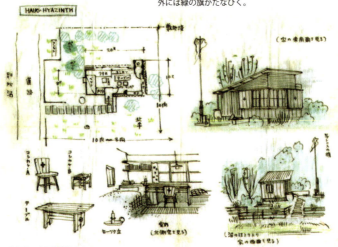

スケッチ画像提供 / 立原道造記念会

セセッション風？　幻想の絵画や舞台のなかのよう。
でも、実際に家や家具をつくるためのスケッチだったよう。

本のページ
絵のなかだけの家

神保町の建築関係の専門古書店。店先のセールの
箱のなかで見つけた洋書の見返しに 1925 年、
大正のお終いの蔵書の署名。ドイツで出版された
理想の家、夢の部屋、見たこともない
家具たちのスケッチ。

ヒアシンスハウス ▶ P.175

詩人の夢のかたち

詩人で建築家でもあった立原道造が設計したちいさな別荘住宅。沼のほとりに建てて自ら過ごすのを夢見ながら、実際には建築されなかった家。2004年、残されたスケッチをもとに完成。

● 〒106-0041 埼玉県さいたま市南区別所4地内 別所沼公園内

一般に開室公開。コンサートなどイベントも開催。

写真提供 / ヒアシンスハウスの会

1 バンドといっしょに少女がステージで歌い踊る。そのスタイルの日本でのパイオニア、かもしれない昭和3年の日活ジャズバンド。当時のサイレント映画の人気監督、俳優などをバックバンドの前で踊るは、女優 星ヘタヤ嬢 **2** 戦後の焼け跡の人々に「リンゴの唄」の歌声で、希望のシンボルとなった並木路子 **3** 銀昭和24年。映画「悲しき口笛」で歌って踊る少女スターとなった美空ひばり。

#7

すこしむかしの
かわいいもの こと

なにもない焼け跡にふたたび響くジャズの音。楽しいことがふたたび始まる予感。

何もなくても
"三人娘"の歌と踊りがあれば、大丈夫♪
Dance Dance Dance

美空ひばり、雪村いずみ、江利チエミ。"三人娘"と呼ばれたかわいい笑顔の少女たち。戦争が終わると、アメリカ軍を中心にした進駐軍が日本に。全国あちこちに"キャンプ"と呼ばれるちいさなアメリカがつくられました。

キャンプの将校クラブで、歌って踊る日本の少女が人気者に。ステージのメイン歌手としても活躍した江利チエミ。雪村いずみ、戦後の人々を明るい笑顔と歌声で魅了した、天才少女美空ひばり。三人娘は、青空のあたたかなおひさまのように戦後の日本の人々の心を照らしていきました。
なにもない焼け跡。それをつつむ透明な青空。どこかから聞こえるレコードの音。再開した映画館のスクリーンから響く歌声。かわいいもの。きれいなこととの再会。

Let's Learn English
Book 3

4 進駐軍クラブのアイドル。雪村いずみ **5** 占領下の日本の道標。アメリカの道のよう **6** 銀座の服部時計店はアメリカ軍とその家族限定のデパート"PX"に **7** キャンプでの愛称は"エミー"こと江利チエミ。後のサザエさん?

ほんのり やさしい オキュパイド

Occupied Japan

ちいさな
カメラ。実は
ライター。

ヨットは
シャープ
ペンシル立て。

ちいさな工場、家族や職人さん
ひとりでつくって手描きを
していたみたいなものも。

1 ほら。足下にもお友だち **2** 陶器で
できているものがいっぱい **3** しっか
り磁器のレトロ。きれいなものもあ
ります。日本画のような絵柄。アメリカの好み
をいろいろ考えつくりました **4** 戦前からの玩具
や飾りものの経験を活かし、アメリカの家庭の
クリスマスや子どもたちの行事やパーティを彩
りました **5** こちらは紙もの。開くと裁縫セット
6 ちいさなビスクドールたち。箱入りセット。

やわらかな陶土の手しごと
ラフなタッチの絵付けが、逆にいい感じ。

日本のかわいい本 / P.118 ▶ P.119 / すこしむかしのかわいいもの こと / オキュパイド・ジャパン

7

Occupied Japan "オキュパイド・ジャパン" とは占領下の日本のこと。戦争が終わった1945年から52年までの7年間。海外への輸出の品々には、すべてに表示されたその名前。アメリカへのおみやげ、格安の粗悪品、コピー商品。でも、ならべてみると……

9

8

カマキリ！と遊ぶ小人。妖精？もしかしたら何かのキャラクター。

10

潜水夫？

11

こちらの小人はかたつむりライダー。角がハンドル？

7 どこかの絵本や物語の挿絵から飛び出してきたような姿。デザインはアメリカからの発注品？ **8** セルロイドの黒いキューピー。いまでは珍品。コレクティブル **9** 表情はちょっと日本の女の子みたい **10** 観音さまのようなおだやかな表情。戦前のいろんな画風、手法の職人さんがアメリカ向けにつくりました **11** 頭にお花の虫たち。コオロギとアメリカのアンティークのお店の人は呼んだけど？仲間たちもいろいろ。

子どもの時間がやってきた

Kodomo times

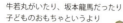

牛若丸がいたり、坂本龍馬だったり
子どものおもちゃというより
大人用のおもちゃ？

A

たぶん、戦後の昭和20年代頃につくられたセルロイドの身長3センチ位のちいさなフィギュアの人形たち。

A

ベティちゃん。のらくろ。戦前と戦後
日本とアメリカのキャラクターがミックス
おもちゃの指輪。

1 B

2 B

3 A

1 海外の輸出用につくられたブリキのおもちゃ。TinToyたち。オキュパイド・ジャパンからメイド・イン・ジャパンの時代へ **2** 戦前に流行ったヨーヨーもふたたび子どもたちのものに **3** セルロイドのお人形。表情がなんだかひょうきん。

4 C

4 黒ネコの投げ輪遊び。しっぽがプルプル動きます 5 不思議なかたち。実は糸巻き。ぐるぐる巻いた糸のしたには、きれいな絵柄。女の子の手芸遊びのたからもの 6 ダイスのゲーム。海外に輸出向けのきれいな外箱。大人のにおい。

5 C

6 B

高級、箱入りおままごとセット。メニューはフルーツポンチかな。

C

レトロで、モダンなおもちゃの応接セット。着物の柄がミスマッチ。だけどきれい。ちいさなラジオと時計。こんなリビングのある家に住めたらいいな。

撮影素材　A　レトロ京都　▶ P.172　　B　舞妓骨董店　▶ P.172　　C　昭和日常博物館　▶ P.173

日本のかわいい本 / P.122 ▶ P.123 / すこしむかしのかわいいもの こと / 子どもの時間

鏡台から三面鏡に代わっていく頃
女の子がそっと手にした口紅は
こんなデザインだったかも。

赤い花の
アクセサリーが人気。

1 C

2 C

1 抽選でカラーテレビが当たった記念にお父さんからお母さんに贈られたブローチ "幸せ" のかけら **2** キラキラバラいろラインストーン **3** おもちゃ屋駄菓子屋にもおしゃれグッズが増えました。

少しずつペースを増して豊かになっていく
日々、大人たちは、おしゃれやレジャーに
そして、子どもたちは、自分が子どもである
限られた年月を、誰にも遠慮せず楽しむこと
のできる日々。昭和の30年代は、そんな
"楽園" が一瞬、花開いた時代。
その日々のかけらのような、かわいくて
きれいなのものたち。

C

3 C

幼稚園の入園式の
胸のバッジも赤いお花。

C

4 A

B

流行のファッションの
ポーズ人形。

4 駄菓子屋や文房具屋の店頭にも、ちょっとリッチなおしゃれグッズが次々登場。最初は輸出用につくられたものたちも日本の子ども向けにアレンジ **5** 手芸グッズもいろいろ登場。

C

B

撮影素材　A レトロ京都　▶ P.172　B 舞妓骨董店　▶ P.172　C 昭和日常博物館　▶ P.173

神保町で見つけた「赤い靴」のかがやき

映画館がならんでいた神保町。そのすがたは消えても、古書店の店頭ではむかしの映画のパンフレットやポスターといつでも再会できます。子どもの頃、映画館で出合った輝く「赤い靴」。そのお話と同じように、戦後の少女たちも"バレエ"という魔法にかけられました。

日本のかわいい本 / P.124 ▶ P.125 / すこしむかしのかわいいものこと / バレエ

「コッペリア」は昭和22年に小牧バレエ団が日本初演を実現。

有楽座

浅丘ルリ子さんや松島トモ子ちゃん。人気の子役たちもちいさなバレリーナとして映画や雑誌に登場。

そして 女の子は
バレエの魔法にかかりました

Little stars

バレエが多くの人に知られるようになったのは、まだ戦後のこと。昭和21年「白鳥の湖」の日本初の全幕上演をした小牧正英はバレエ団を結成。その後「眠れる森の美女」「シェヘラザード」「ペトルウシュカ」「火の鳥」などを初演。日本の人々、少女たちは"魔法"にかかったようにバレエのブームが始まりました。小牧正英は、昭和29年にノラ・ケイ。そして、昭和34年に世界的プリマであったマーゴ・フォンテインを日本に招聘。
ブームは終わることなく谷桃子バレエ団、松山バレエ団など現在に続くバレエ団が次々と創立。都市から地方まで、魔法は消えることなく、次の世代の少女たちへと受け継がれていきました。

日比谷公会堂で「白鳥の湖」を踊るフォンテイン。

資料提供 東京小牧バレエ団 ▶ P.174

1 昭和19年。上海バレエ・リュスで「ペトルウシュカ」を踊る小牧正英 2 有楽座「ペトルウシュカ」のパンフレット 3 小牧バレエ団10周年の頃、洗足のレッスン場にて。バレリーナを夢見る子どもたち。4 現在はなき洗足スタジオ。

昭和35年。谷桃子バレエ団の
「白鳥の湖」の楽屋を訪れた当時の
ソ連の人気のバレエダンサー
ナタリヤ・ドジンスカヤと
振付家コンスタンチン・セルゲイエフと
いっしょに。

魔法の赤い靴は 日本にありました

小牧正英に師事し、昭和24年に自らバレエ団を結成した谷桃子。翌年に公開のイギリスのバレエ映画「赤い靴」▶ P.123 は大ヒット。街にはバレエ教室がつぎつぎ出現。靴屋さんでは"赤い靴"が流行したそうです。映画の主演女優モイラ・シアラー（当時ロイヤル・バレエ団プリマ）より実際に映画で使用された赤い靴が贈られました。
いまも大切に保管されているそう。

映画「赤い靴」のモイラ・シアラー。

ちいさな バレリーナ

戦後の女の子のバレエへの
あこがれは、お人形やおみやげ
いろんなかたちになりました。

1 昭和30年代、家庭に普及したマイカーの運転席の
ミラーにぶらさげるのが流行したちいさなポーズ人形
2 パラシュートみたいなふんわりスカート。なかが
バネ仕掛けでくるくる踊るバレリー
ナも **3** ちいさくても手足が針金。
いろんなポーズがつくれます
4 モールのかわいいお人形。
持ってるのは抱っこちゃん。

日本のかわいい本 / P.128 ▶ P.129 / すこしむかしのかわいいものこと / 人形絵本

あの頃 こんな手づくりの絵本がありました
Ningyo to Shasinn

1

最初は日本の凸版印刷から始まったトツパンの人形絵本 **1** ペローやグリムの物語もどこかのんびり。おとぎの国のお話のよう **2**「マッチ売りの少女」日本語と英訳版。人形が手にしたマッチの灯は電球で表現。**3** フランス語版の「ヘンゼルとグレーテル」。人形たちの表情が豊か **4** 服や家具調度、食器や靴まで、ちいさな手づくりの結晶のような絵本のページ。

3

4

「くりくり」の創刊号でも
人形絵本と作家を紹介。

2011年まで神保町にあった
「くりくり」の編集室のお店
AMULET。その同じ場所に実は
昭和20年代「それいゆ」を
創刊した中原淳一さんの
ひまわりのお店がありました。
むかしの地図で偶然発見。

それでは次のページで
「それいゆ」のすてきなページを
ご紹介。

昭和20年代につくられた人形の写真絵本。
劇作家飯沢匡の"子どもためのいい本をつくろう"
という呼びかけで集まったデザイン、カメラマン
人形、小道具などの作家のアイデアと工夫ででき
た、まるで人形アニメの名場面をページにしたよ
うなかわいい本。手にしてよろこんだのは日本の
子どもたち。そして、驚いたのは大人たち。海外
あちこちの言葉に訳されて、世界中の子どもたち
の大好きな一冊に
なりました。

「ジャックと豆の木」の
日本語版とフランス語版。
ほら、よく見ると表紙がヘン。左右が逆です。

日本生まれの絵本だとちゃんと表紙に
表記してくれています。うれしい。

「ジュニアそれいゆ」
昭和33年9月号
"若きウェルテルの悲しみ"
中原淳一による恋する
シャルロッテの姿。

1

所蔵 株式会社ひまわりや

©JUNICHI NAKAHARA /ひまわりや

ひまわりへのあこがれ

Nakahara Junichi

遠いどこかを見つめるような長いまつげのおおきな瞳。とてもかわいい。
でも、しっかりした意志を感じます。戦争が終わって焼け跡ばかりの日本の少女の心のなかに
きれいな花を咲かせるように「それいゆ」「ひまわり」という名前の雑誌を創刊していった
中原淳一は、自ら絵筆を手にして表紙やページに美しい少女たちを描いていきました。
ひまわりがおひさまへと顔をあげるように、雑誌を手にして表紙をめくる少女たちの瞳には
ページをめくるごとにすこしずつ、希望という名の輝きが増していきました。

2

1 戦争が終わった翌昭和21年雑誌「ソレイユ」を創刊。フランス語で"太陽"の意味。後の「それいゆ」に。昭和31年の春号。
2 昭和27年に「それいゆ」臨時増刊として「ジュニア号」刊行。それを前身に昭和29年「ジュニアそれいゆ」が創刊。昭和33年3月号。

イラスト/内藤ルネ

内藤ルネ、松島啓介、鈴木悦郎など、人形や絵、文学まで多才な人々が「それいゆ」と「ジュニアそれいゆ」のページづくりに参加。まだものの少なかった時代に自分で手づくりできるアイデアとデザイン、毎日をすてきに変える提案とメッセージを送りました。

まるでオードリー・ヘップバーンの映画からぬけ出てきたようなすてきなファッション、小物たち。みんな中原淳一がデザインしたもの。いま見てもきれい。新しささえ感じます。

9 首を差込む穴を首の太さよりも少し細目にあける。首を差込んで抜けないように糸でかがる。

人形デザイン/松島啓介

1 中原淳一の絵によるオリジナルプリントのスカート。少女たちのたからもの 2 当時のおませさんのあこがれのファッション 3 シンプルなラインにかわいいアップリケ。ちゃんとつくり方ものせています 4 ジュニアそれいゆオリジナルのスカーフ。図案は内藤ルネ。

日本のかわいい本 / P.134 ▶ P.135 / すこしむかしのかわいいもの こと / ひまわり

最初は絵のなかだけに描いて
いたひまわり。少女たちの
あこがれの想いを表す花。
中原淳一は、その花を生地の
プリントやモチーフにして
すこしずつ豊かになっていく
時代のなか、ドレスやスカート
をほんとうのかたちへと変えて
いきました。

中原淳一デザインのお洋服は
広尾の専門ショップにて
復刻販売しているものも
ありますよ。

中原淳一ショップ "それいゆ"
▶ P.174

すこし むかし

Short short ago ……

すずらん通りで見つけた
昭和25年資生堂の広報雑誌「花椿」。
表紙は、女優の香川京子。

古書を探しに、古い紙ものを見つけに
毎日のように通った神保町のすずらん通り。
いまからすこしむかし。50年位前の
東京の空がとても高かった頃を写した
絵はがきのなかの
"古書の街"へ。

雑誌
「美しい女性」
創刊号
昭和37年

現在の少女まんがに
続く「マーガレット」
創刊は昭和38年。
当時は読みもの
写真ページも多い。

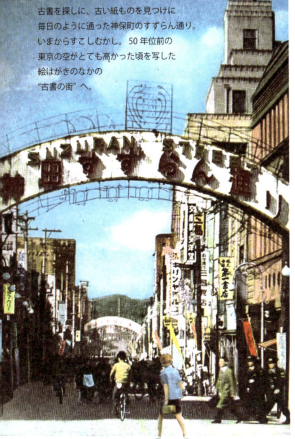

神田すずらん通り　Suzuran Street Chiyoda, Tokyo

昭和36年の
「ドレス
メーキング」
なかに挟まれた
冊子は欧米の
マガジンを
再録、編集。

みゆき族。アイビー。
昭和30年代の男性のおしゃれさんは
とても、ユニセックス。
ちょっと、女の子みたい。

むかしのページ
絵はがきのなか
かわいいもの こと

日本のかわいい本 / P.136 ▶ P.137/ すこしむかしのかわいいもの こと / 大好きな場所

1 昭和30年に誕生した後楽園遊園地のジェットコースター。当時の東京の子どもたちの一番大好きな場所はきっとここ。ジェットコースターという名前は、ここが始まり 2 昭和33年のクリスマスイブの前夜に生まれた東京タワー。数多の怪獣たちに襲われてもすぐ再建。健在です。

夜の闇 鮮やかなネオン

戦前の服部時計店の時計台に対して戦後の銀座の夜のシンボルだった森永の地球儀ネオン。でもあだ名は"サボテン"。

日本のかわいい本 / P.138 ▶ P.139/ あすこしむかしのかわいいもの こと / 大好きな場所

夏の札幌。円山動物園。
ちいさな観覧車がゆっくり回る。歯車の音。スピーカーからの音楽。
絵はがきのなかから聞こえてくるよう。

浅草松屋屋上豆汽車

浅草の松屋のデパート屋上のちいさな豆汽車。
昭和の初め、同じ場所にあった空中の航空挺 ▶ P.077 と比べるとのんびりかわいい遊園地。
昭和30年代。

いっしょにおでかけ
抱っこちゃん♪

昭和30年代
東京浅草松屋デパート
屋上のスポーツランド。
屋上のちいさな遊園地は
日本じゅうに登場。家族
といっしょ楽しい休日。

日曜日は動物園
デパートの
屋上遊園地
空のうえ

銀座松坂屋の屋上の展望台からのながめ。高い青空。ふんわり浮かぶ白い雲。

日本のかわいい本 / P.140 ▶ P.141 / あすこしむかしのかわいいもの こと / 大好きな場所

すずらん通りで見つけた
古雑誌のページの写真。
デパート食堂の
子どもたち。

むかしのお子さまランチ
チキンライスに旗が定番。

アイスクリン。

プリンアラモード
その名前だけでクラクラ。

屋上の遊園地とおもちゃ売場、そして
もうひとつはずせない大好きな場所は
デパートの大食堂。休日は、とっても
混んでいたけれど、食券を手に注文を
わくわく待つ時間。楽しい思い出。

おでかけバッグで
今日は楽しい お買いもの

1 C

2 B

まあるい顔のおでかけバック。
今日は、どんな服や靴、持ちもので
おでかけするか、お家を出るまで、
なかなか決まらず悩んだもの。

3 C

1 バッグのなかのちいさなマスコットは、小物入れ **2** むかしから人気の黒ネコモチーフ。セルロイドでも活躍 **3** セルロイドの小物入れ、筆箱、石けん入れ、マーブル、きらきら、雲母調、いろんなもようもありました。

かご編みバスケットは、困った
時の定番バッグ。いろんな
ペイントカラーがありました。

C

きれいなもの、すてきないろとかたちへの
あこがれは、歳月がすぎゆき、風景が変わっても
心のなか、いつまでもちいさな灯のように
消えることはありません。何年も、何十年も
忘れていたと思っていたあこがれの思いが
とおいむかしに見たいろとかたちと偶然
出合った瞬間に、灯があなたの心をきっと
照らし出す、未来のできごとのおとずれを
どうぞ、お楽しみに。

C

撮影素材 B 舞妓骨董店 ▶ P.172　C 昭和日常博物館 ▶ P.173

日本のかわいい本 / P.142 ▶ P.143 / すこしむかしのかわいいもの こと / あこがれ

夏休みの家族旅行
クラスメートとの修学旅行
思い出をしまったままの
ちいさな木箱。

B

昭和30年頃の
未来派モダンこけし
むかしの夢見た
未来のかたち？

B

その年その時のあこがれを胸に抱きながら
手にしてきたもの。むかしのなか、記憶の彼方に
残してきた思い出のすがたとかたち。

時を巡る旅から
持ち帰った おみやげ

A
昭和というより1960〜70年代。千趣会から通販で
家庭に送られた"ロイヤルペット"の動物シリーズ。
あこがれの北欧。デンマークのデザインをイメージ。
日本のこけし職人が木工でつくりました。

A
ポケットのなかのちいさな携帯用みやげ
こけしの輪投げの底に、ひみつが…。

撮影素材　A　レトロ京都　▶ P.172　　B　舞妓骨董店　▶ P.172

A

それでは いまもあこがれが見つかる場所へ

ページを開いて"レモン糖の日々"による喫茶店巡りへどうぞ。最初のお店はこちら / シャルル ▶ P.144

シャルル

きらびやかな店内に気分が高揚。時々変わる調度品を見るのも楽しみ。いろ付きのお砂糖がちりばめられたテーブルシュガーは必見。
●〒114-0015 東京都北区中里1-5-10 織田ビル1F
TEL.03.3823.6736

オリジナルデザインの容器に入ったお砂糖は特注。ここまでこだわるお店ははじめて。ブログを始めるきっかけとなった。

レモン糖の日々
"とってお喫茶"

Totteoki no kissaten

店主の美意識が人の心を動かすことがある。その感動を伝えたくて「レモン糖の日々」を始めた。
"このお店でしか味わえない何か"を求めて喫茶店へ足を運ぶ。
ここに記した喫茶店は常連さんの愛しい憩いの場であり、私にとってもずっと心に残しておきたい大切な場所。

文・撮影 レモン糖の日々
心ふるわすモノ、コト、などなどを綴るブログ
http://www.lemonsugar.jugem.jp/

ラブリーな外観の喫茶店たち。店名のセンスやイラスト＆書体のキュートさにひき寄せられる。

日本のかわいい本 / P.144 ▶ P.145/ すこしむかしのかわいいもの こと / レモン糖の日々

純喫茶プリンス

所々に置かれた小物が
かわいい。やさしい店主
に心もなごむ。場所がら
会社員も集まる人気店だ
が2015年10月閉店予定。
残念。
●〒453-0801 名古屋市
中村区太閤3-7-65
TEL.052.451.3685

1 ランチタイムにはミニサイズの
珈琲が付く。マッチのデザインも
すてきー **2** 卵のしかれた鉄板ナポ
リタンが450円！

喫茶サン

壁と柱のデザインに目を奪われた。昭和39年からほぼそのままという内装は細部まで凝ったつくりでうっとり。
●〒455-0842 名古屋市港区稲永5-4-9
TEL.052.381.2470

薔薇をメインにつくられたお庭は5月中旬が見頃だが、いつ訪れても季節の花が咲いていて美しい。

日本のかわいい本 / P.146 ▶ P.147 / すこしむかしのかわいいもの こと / レモン糖の日々

レトロでどこか宇宙的な店内にいると
時間の流れを忘れてしまう。

喫茶タムラ
店内は昔の映画に出てき
そうな近未来的世界がひ
ろがり石膏像との対比が
シュール。どこを切り取っ
てもフォトジェニック。
●〒464-0073 名古屋市
千種区高見 1-6-1
TEL.052.762.0434

ひときわ目を引く太陽はメキシコをイメージして
ご主人がデザイン。"フェリーさんふらわあ"と
デザインが似ているのは偶然。昭和46年オープン。

パスカル青山

サイケデリックな太陽と白と緑の
配色がおしゃれな店内は居心地も
抜群。店主のおもてなしの心に感動。
●〒458-0847 名古屋市緑区浦里3-328
TEL.052.891.5158

シャングリラ

曲線的な白い仕切り、
壁や天井の素材と形状
が独特でカッコいい。
パネルを照らす照明も
ユニーク。
●〒444-0031 愛知県
岡崎市梅園町3-11-1
TEL.0564.23.2829

1 5ヶ国のモーニン
グを楽しめる"世界
のモーニング" **2** イ
タリアのモーニング。

喫茶・軽食ポッポ

レトロとかわいいが混ざった70年代ドラマ的喫茶店。店内のBGMはラジカセから流れる！窓の薔薇が私好み。
●〒453-0841 名古屋市中村区稲葉地町8-71-3
TEL.052.411.9674

1 & 2 レモンのウインドーシールに灰皿もレモンいろ。**3** かわいらしいかき氷はその名も「ピエロフラッペ」 **4** おおきなレモンのオブジェが目印。**5** 水の流れる窓がすてき。

サンレモン

白い椅子とオレンジの照明がリズミカルにならぶ。窓際にすわるととまるでどこかのリゾート地に来た気分。
●〒711-0911 岡山県倉敷市児島小川5-1-1　TEL.086.472.5281

日本のかわいい本 / P.150 ▶ P.151 / すこしむかしのかわいいもの こと / レモン糖の日々

1 こだわりの天井、照明。こぢんまりとした店内が印象深いものに。 2 "純喫茶"の文字に胸が高鳴る。

2 白い窓格子のデザインや磨りガラス越しに見える置物のシルエットがまだ見ぬ店内の想像をかき立てる。

純喫茶ナポリ

ここは私の秘密の場所。特に店主のおしゃれなベレー帽姿、スタイル・物腰に何度訪れてもキュンとする。
● 〒 503-0873 岐阜県大垣市南高橋町 2-8
TEL なし

3 "バンビ"という名の喫茶店があれば必ず入る。看板が愛らしい。店内にもバンビのメニュー表が。

喫茶サンモリー

乙女チックなフルーツサンドと
たっぷり果実のフルーツソーダ。
全部のメニューが美味しそう！
●〒453-0836 名古屋市中村区
五反城町1-28-2
TEL.052.412.3105

見た目もかわいく
甘くてなつかしい
生クリームの味。
一人で全部ペロリ
と食べてしまえる。

喫茶アミー

大正時代の町並みが残る通りに忍ぶ
入り口。先には下へ降りる階段が。
赤い扉をドキドキしながら開くと…。
●〒509-7714 岐阜県恵那市明智町
1270-2 旅館笹乃家地階
TEL.0573-54-2001

1＆2 入り口が表と裏に二つあり
もう一方から入るとまた違うときめき
を味わえる。大正10年から営業。

日本のかわいい本 / P.152 ▶ P.153/ すこしむかしのかわいいもの こと / レモン糖の日々

コレクションの
ほんの一部。いただいた
ものや買ったものも少し。
マッチ箱は手のひらに
のるちいさな絵画。
有名な画家の作品から店主によるものまで。
一体全部で何個あるやら…
時々ながめては訪れたお店に思いをはせる。

喫茶店との思い出をつなぐたからもの

「マッチをください」そんな一言から思いがけずいただけた灰皿、珈琲のチケットそして伝票。オリジナルのナプキンやコースターを使用しているお店も今では貴重。友だちとのコレクションの交換も楽しみのひとつ。
★「カフェ・バールこうべっこ」のコースターはまるで物語の1ページのよう。

店主による毎日の積み重ねと
そこに住む人たちに愛されてきたから続いているお店の歴史。
そんな"奇跡"にふらっと訪れて感じ入る。
できることならいつまでもそこにあって欲しい……
次に訪ねる日を楽しみに、マッチや写真をながめながら静かに願う。

King of Kings
四角いいろガラスを組み合わせつくられたウインドーは圧巻。近くの姉妹店「マヅラ」も名店なので共に訪れたい。
●〒530-0001 大阪市北区梅田1-3-1 大阪駅前第1ビル B1F
TEL.06.6345.3100

1 照明も兼ねたパーテーションやいすのデザイン ピンクの絨毯など、好きな時代へタイムスリップした気分 2 最高にかわいい書体のヒヨコ 3 青い部分の照明が灯った夕方に見てみたい 4 葉っぱをイメージしたという外観はインパクト大。

絵になるマスターとお客さんの醸し出す
雰囲気に酔いしれる。"良い気"で充たされた
忘れ難い喫茶店。

喫茶タンポポ

綿毛が飛ぶようにこのお店
がひろまっていけばいい…
そんな願いがこめられた
"タンポポ"は、私の心のなか
でずっと元気に咲いている。
●〒558-005 大阪市住吉区
東粉浜3-10-8
TEL.06.6672.5071

'80年代の
かわいい記憶
1989年
遊佐未森のアルバム
「ハルモニオデオン」
エピックソニー

1987年
リヨン・オペラ座バレエ団
「サンドリヨン」日本公演

1995年
ウィリアム 1世♂ 1歳

日本のかわいい本 / P.158 ▶ P.159 /いまはむかし

2014 年
東京下北沢の
バブーシュカ ▶ P.173 にて
Tokyo International Lolitas
東京国際ロリータ会 のかわいい!お茶会

2014 年
秋の京都のくりくり
▶ P.169

紀州藩最後の大名徳川茂承
後の公爵家の美しい三姉妹の1人
三女 保子さま。

日本のかわいい本／P.169 ▶ P.161／いまはむかし

あちゃー

いまも むかしも
これからも ずっと

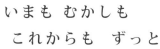

日本のかわいい本 / P.164 ▶ P.165 / 神保町地図

神保町のちいさな名所。
昭和初期につくられた交番。
映画やテレビのロケで活躍。

くりくり編集室のお店
2つの AMULET ですごした
8年間。日本のむかしの
かわいい図版や紙ものを集めて
いつか一冊の本にしてみたいと
思いながら、古書の街めぐり
本のなかへ時間旅行が続きました。

Ochanomizui station

元交番

米沢嘉博
記念図書館

マンガ評論家の米沢嘉博
が残した蔵書をもとに開設
した、まんが、サブカル
チャー関連書籍、資料の
専門図書館。むかしのまん
がたちの集まる楽園。

http://www.meiji.ac.jp/manga/
yonezawa_lib/

山の上
ホテル

Meidai douri

店頭や箱のなかに
いっぱいの格安古書
古雑誌たち。一冊一冊
ページをめくると…。

明治大学

東京
古書会館

Yasukuni douri

三省堂書店

小宮山
書店

すずらん通り

文房堂

Tiyoda douri

2004年、古書の街での
お店づくりで最初に交渉し
た、かっての"タトル商会"
実は、明治の木造建築。

アート、ビジュアル書籍、洋雑誌、子どもの本
などなど、専門ジャンルの古書店がならぶ
日本でいちばんかわいいものが見つかるところ。かも。

くりくり編集室がスタートしたのは
まだ、鎌倉長谷の大仏さまの背中側。AMULETの
最初のお店のあった頃。まだ、イギリス、フランスの
マーケット、日本の古物の市をめぐりながら
アンティークがお店のメインであった頃。
むかしのものと手づくりのもの。
アンティークとハンドメイドの組み合わせ
ものづくりや本づくりに
興味がわいてきた頃。

いま ◀ ・・・・・・・・・・・

アクセサリー製作 / Rico

日本のかわいい本 / P.166 ▶ P.167/神保町地図

鎌倉 目白 神保町 押上 本づくり こつこつ むかしものさがし

手づくりをテーマに
したマガジン風の
ブックシリーズ
「くりくり」
2003年に鎌倉で創刊。
目白、神保町、現在の
スカイツリーの街
押上の編集室のお店
AMULETを拠点に発行。

http://amulet.ocnk.net/

2013年発行のくりくりの本
「夢みるかわいい手づくり雑貨」
巻頭ページに戦後のちいさな
ポーズ人形を手づくり雑貨の
なかを旅する人形絵本風にアレンジ。

········ むかし

むかしのかたち　手づくり
いろいろ　くりくりの本

ポーズ人形風の
むかしのおみやげ？
京都のむかしもの店
レトロ京都 ▶ P.172
で購入。

千の手づくりの雑貨、作品を一冊にのせた本。
むかしの手づくりをアレンジしたページもあります。
二見書房より全国書店で発売。

いろんな国の
いろとかたちでできた
日本のかわいい
かたちたち

「くりくり」
12号に登場した
かわい金魚さんの
お人形の顔ブローチ。
むかしの文花人形をモチーフ
にいまのかたちに手づくり。

「くりくり」の創刊のきっかけになった
フランスのことを集めたブックシリーズ「SORTIE」。
ページに登場してくれた内藤ルネさんは
むかしのフランスやアメリカのいろとかたちが大好き。
でも、それをイラストやお人形、雑貨のかたちに
手づくりすると、戦後の日本のかわいいいろと
かたちになりました。

内藤ルネさんが
フランスの女の子を
イメージして日本の
少女のために描いた
デザインたち。

日本のかわいい本 / P.168 ▶ P.169 / 神保町地図

京都の森のむかしの洋館をつかって毎年開催している"秋の京都のくりくり展"大正時代につくられた当時そのままの窓から注ぐ光。
100年以上の年月の、この部屋の記憶のなかにかわいいいまのものたち訪れる人の面影、笑い声も刻まれていくよう。

ページづくりにご協力いただいたスポット
登場いただいたみなさま

Arigato gozaimashita ♪

東京 浜町店

▶ P.041

竹久夢二専門店ギャラリー港屋

竹久夢二の復刻木版画を中心に肉筆から大正時代の木版画をはじめ
絵はがきやハンカチなど夢二グッズを取り扱う日本で唯一の
竹久夢二専門画廊。全国各地でイベントも開催。

浜町店
● 〒 103-0007　東京都中央区日本橋浜町 2-18-5　TEL.03.5640.5978
京都二年坂店
● 〒 605-0826 京都市東山区清水二年坂　TEL.075.551.5552
銀閣寺店
● 〒 606-8402 京都市銀閣寺町 83（銀閣寺前）　TEL.075.771.7345
夢二山荘
● 〒 879-5102 大分県由布市湯布院町川上　TEL.0977.84.2737

▶ P.045

伊香保 保科美術館

大正・昭和の芸術家 竹久夢二、小林かいちの作品、昭和・平成時代
の芸術家 友永詔三の作品を展示。日本画も小泉智英・松本哲男・佐々
木曜の屏風を展示。グッズを販売するミュージアムショップもある。

● 〒 377-0102 群馬県渋川市伊香保町伊香保 211-1
TEL.0279.72.3226
http://www.hoshina-museum.com

▶ P.008

日本きもの文化美術館

江戸時代以降のきもの、アンティークものを展示する美術館です。
常設展は人気の高い振袖や、花魁道中着を中心。企画展は、季節と
テーマに沿った展示をし、年 3 度テーマを変更。
常時約 60 点、くし、かんざしなど装飾品類は約 500 点を展示。
花魁道中着は希少価値が高く、複数展示する美術館は国内唯一。

● 〒 963-1309　福島県郡山市熱海町熱海 5-211
TEL.024.984.6011
http://nmkb.jp/

日本のかわいい本 / P.170 ▶ P.171/スポットガイド

▶ P.063
花園商店

外観は昭和中期の普通に古いアパート！"ドアを開ければ異空間！"
突然、大正時代に迷い込んだような雰囲気。日本のむかしの品々、
レトロ感の楽しいアジアの雑貨たち、服やアクセサリーがいっぱい。
アンティークのようなランプシェード。ステンドグラスもオーナーの
手づくり。ショップの一角に"カフェー花園"が時々オープン。
日本各地、海外までいまも残る明治、大正、昭和のレトロ、モダンな
スポットを旅するブログは要チェック。
●〒162-0054　長野県上田市中央西 2-11-44 メゾン花園 F 号室
https://www.facebook.com/hanazonoshoten

▶ P.080
日本モダンガール協會

日本の大正末期から昭和初期の
"モダンガール"についての調査、研究、實踐を目的とした會。
興味をお持ちの方はどなたも會員に参加できる。
代表は、日々のライフスタイルもモダンガールを實踐する
淺井カヨさん。
ホームページからのリンクで「週刊モガ」、
東京西荻窪のアートギャラリー雑貨店ニヒル牛から
生まれた web マガジン
隔週月曜日連載「モダンガール復興計画」
がある。

日本モダンガール協會
公式家項
http://mogakyokai.com/

戦前の香りただよう邸宅。
実は、近日中に取り壊し予定の
空間で、ページに掲載の写真を撮影。
撮影 / 郡 修彦

レトロな大正、モダンな昭和の見つかるところ

日本のかわいい本 / P.172 ▶ P.173/ スポットガイド

レトロ京都

▶ P.091〜

レトロ京都

京都の東山七条智積院のそば、昭和レトロ雑貨店。店頭には、むかし駄菓子屋やおもちゃ屋にあったむかしのかわいいものが雑多にごちゃごちゃ楽しくならぶ。店内も、むかしのきれいなもの、かわいいもの。京都ならではの舞子さんもの。掘り出しものがいっぱい。江戸、明治大正や戦前の貴重なアンティークもお手頃な値段で買える。

●〒 162-0054　京都市東山区東大路七条 智積院 南西角
TEL.075.756.7987

▶ P.091〜

京都千玉堂さらすく社・舞妓骨董店
SARASQUE.CO. & MAIKO ANTIQUES.

京都千玉堂さらすく社は、国内唯一の磁器製ネムリ人形専門社として日本固有の磁器人形サクラビスクの研究・調査などを目的に設立。「舞妓骨董店」は、さらすく社がプロデュースする外人旅行者とむかしのものかわいいものが好きなスーベニール店。

●〒 605-0811 京都府京都市東山区小松町 157
TEL.075-541-2626
http://maikoantiques.strikingly.com/#home

京都の花街の祇園、宮川町の中間の位置。とても便利。

▶ P.090

カルモパサール
Calmo Pasar

"肩のこらない心地よさ" を求めて旅するアトリエ市場。
古道具と雑貨もマーケット、骨董市。お店でも販売。
イラストレーターとしても活動。
見る人の気持ちに 優しく響くものを
生み出すつくり手でありたい。

古道具 news：東京カルモパサール
http://jcptokyo.exblog.jp
facebook・KanaeCp CalmoPasar

▶ P.163

バブーシュカ

東京下北沢のカフェ&ギャラリー。教会グッズ、手編みのつけ襟、
バブーシュカ、作家物のグッズ人形、コサージュなど…他の店にはない
雑貨、手芸作品。イベントも開催。

●〒 155-0031 東京都世田谷区北沢 2-1-1 ツバサマンション 1F
TEL.03.3412.7277
http://blogs.yahoo.co.jp/babooshka_shimokitazawa

▶ P.091〜

北名古屋市歴史民俗資料館 昭和日常博物館

歴史民俗資料館の企画として、当初、昭和をテーマとした展示会を展開。
資料の収集、保存。平成 9 年 "日常が博物館入りする時" と題した
特別展でフロアー全体を昭和 30 年代の資料で構成。
同時に「昭和日常博物館」と呼ばれるようになりました。

●〒 481-8588　愛知県北名古屋市熊之庄御榊 53
TEL.0568.25.3600
http://www.city.kitanagoya.lg.jp/rekimin/

▶ P.040

京都市学校歴史博物館

明治 2 年に日本で最初に番組小学校とよばれる学区制の小学校が
京都で開校。番組小学校に関する資料をはじめ，京都市の学校に遺された
教科書や教材・教具などの資料、卒業生などが
学校に寄贈した数々の美術工芸品を収集・保存して展示。企画展も開催。

●〒 600-8044 京都市下京区御幸町通仏光寺下る橘町 437
TEL.075.344.1305
http://kyo-gakurehaku.jp/Default.htm

旧小学校校舎をそのまま
博物館として公開。
建物自体が展示物。

時間の彼方からやってきたすてきなものと出会えるところ

外観は、中原淳一の生前の住居や戦前からの
ショップを彷彿とさせるデザイン。

▶ P.134

それいゆ

東京・広尾の中原淳一専門店。ファンが集う憩いの場としても人気のスポット。レターセット、ノート、一筆箋、シール、ポストカードなどの雑貨から、複製画、Tシャツ、書籍など取り扱っています。淳一の次女、すみれさん手づくりのトートバッグやエプロン、ブックカバーなどここでしか手に入らない貴重なオリジナル商品も販売。ブラウスやセーター、セミオーダー販売のワンピースなどのファッションアイテムが充実、品質と着心地のよさで人気を集めている。

●〒150-0012 東京都渋谷区広尾 5-4-16 TEL.03.5791.2373
http://www.junichi-nakahara.com/

あの頃の少女たちの夢が いまも花開くところ

▶ P.124

東京小牧バレエ団

上海バレエ・リュスでソリストとして活躍、戦後帰国後。「白鳥の湖」の日本での全幕初演で演出・振付を担当。センセーショナルな脚光を浴びた小牧正英により昭和21年創立。古典、近代バレエの数々の日本初演、ロングラン公演により戦後のバレエブームの火付け役に。谷桃子を筆頭に、太刀川瑠璃子、小松原庸子、など多くの日本の舞踊界を代表する舞踊家・指導者を輩出。また、岸恵子、十朱幸代、なども少女時代、小牧バレエ団でレッスンを受けスターへの道へ。
バレエ団の付属であるバレエ学園では、クラッシックバレエを基本に厳選した各教師陣を配し、本格的なダンサーを育成している。

●〒151-0071 東京都渋谷区本町 6-34-11 TEL.03.3377.7764
http://www.komakiballet.jp/

谷桃子バレエ団

昭和24年創設。昭和30年に「白鳥の湖」全幕を大阪初演、翌年東京で上演。谷桃子の優れた資質と演技とともに絶賛を受け、バレエブームの全国へとひろげました昭和32年に「ジゼル」全幕を初演。その成功により「白鳥の湖」「ジゼル」は、バレエ団の二大レパートリーとして、現在まで上演し続けられている。昭和40年には「ドン・キホーテ」を日本初演。日本のバレエ界にとっても貴重なレパートリーへ。
バレリーナとしての引退後、谷桃子は、芸術監督として振付、指導にあたり今日まで数多くの優秀なバレエダンサーを輩出。日本を代表するバレエ団のひとつ。
世界で活躍できるダンサーの育成を目的にバレエ団研究所を持つ。

●〒152-0031 東京都目黒区中根 2-21-27 TEL.03.3717.7806
http://www.tanimomoko-ballet.com/

▶ P.114

ヒアシンスハウス

詩人立原道造は、1937年（昭和12年）冬から翌年春にかけて、当時、葦がおいしげり静寂をきわめた別所沼の畔に、自らのためにちいさな週末住宅《ヒアシンスハウス・風信子荘》を建てようとしました。しかし立原が夭折したため、別所沼畔に紡いだ夢は実現しませんでした。詩誌『四季』を主な舞台として、立原は青春の憧れと悲哀を音楽性豊かな口語詩で謳いあげ、わずか24歳8か月でその短い生涯を閉じましたが、一方では、将来を嘱望された建築家でもありました。立原が「別所沼のほとりに建つ風信子ハウス」を構想してから六十余年の時が過ぎた2004年（平成16年）、別所沼周辺の芸術家たちの交友の証として、立原がかつて夢みた《ヒアシンスハウス》は「詩人の夢の継承事業」として建設の機運が高まり、多くの市民たちや企業、行政の協調のもとで建設が実現することとなりました。

● 所在地：別所沼公園内（さいたま市南区）　開室日：水・土・日・祝日　10～15時　　www.haus-hyazinth.org

▶ P.162

マキシマム 2004
秋冬カタログより

MAXICIMAM

デザイナーの黒玉と黒猫が1996年に立ち上げ。ロリータ、パンク・ゴシックなどいくつものラインを展開。

http://www.maxicimam.com/

metamorphose
temps de fille

「metamorphose」は「変身」
「temps de fille」は「少女の時間」。
1997年に立ち上げ。

http://www.metamorphose.gr.jp/

この本の写真 図版掲載に関して

本書のページの写真、絵画、図版の掲載に関しては、日本国内の著作権の有効期間、および、判例などに準じ、没後50年をすぎた日本、60年をすぎた海外の絵画、写真などについては、ページ全面のイメージカット的な扱いも含めて掲載。
死没後の期間が、上記に至らない場合は掲載サイズをページ面積の半分以下とし関連する説明文章、写真説明などを付記。掲載内容の"引用"図版となるよう構成しています。

映画のスチール写真、および雑誌などの掲載図版に関しては、作品製作、発表後60年以上のもの、ページ全面のイメージカット的な扱いも含め掲載。以外は上記の"引用"に準じました。

商品、書籍、雑誌の表紙、パッケージ、広告図版など、著作権の対象外の場合についても、デザイン、図案、肖像関係者を考慮、上記の図版掲載に準じています。

日本のかわいい本

編　　集	くりくり編集室　石坂 寧（いしざかやすし） 堤 諒子　皆川真奈美　星野スミレ
デザイン	石坂 寧
撮　　影	堤 諒子　星野スミレ　皆川真奈美　郡 修彦
モデル	一ツ木香織　浅井カヨ　花園商店ご主人
文　　章	石坂 寧
編集協力	加門佑人　マロン堂　松原さん　浜口さん 荻野さん　増田さん　丸山さん　黛さん ウィリアム♂　マロ♀
発　　行	株式会社 二見書房 東京都 千代田区三崎町 2-18-11 Tel. 03-3515-2311（営業）03-3515-2313（編集） 振替　00170-4-2639
印刷・製本	図書印刷株式会社

落丁、乱丁本はお取り替えします。
定価はカバーに表示してあります。

Ⓒ AMULET 2015, Printed in Japan.
ISBN978-4-576-15027-7
http://www.futami.co.jp